EVA-MARIA BAST | MELANIE KUNZE | ACHIM FRANK SCHMIDT

Münchens verschwundene Orte

ÜBERRASCHENDE GESCHICHTEN AUS
DER WELTSTADT MIT HERZ

Münchner Merkur
HEIMATZEITUNGEN
merkur.de

Bast, Eva-Maria; Kunze, Melanie; Schmidt, Achim Frank
Münchnens verschwunde Orte – Überraschende Geschichten aus der Weltstadt mit Herz

MÜNCHNER MERKUR in Kooperation mit:
Bast Medien GmbH, St. Ulrich-Straße 11, 88662 Überlingen (verantwortlich)
2. Auflage 2021
ISBN: 978-3-946581-76-5

Lektorat: Lena Bast
Covergestaltung: Melanie Kunze
Layout: Bast Medien GmbH
Bilder : Achim Frank Schmidt
Satz: Melanie Kunze
Druck: Mohn Druck GmbH, Gütersloh

Von den Machern der preisgekrönten Reihe „Geheimnisse der Heimat"

Inhalt

Vorwort 6

Die Autoren 9

Herz-Jesu-Kirche
Zerbombt, verbrannt und neu erstanden 10

Glaspalast
Ein Hauch London für München 14

Kaimsaal
Ursprungsort der Münchner Philharmoniker 20

Volksgarten
Freud und Leid 24

Herzog-Max-Palais
Eine Manege für die spätere Kaiserin 30

Matthäuskirche
Parkplätze statt Gottesdienste 36

Lokomotivfabrik Krauss
Hightech im Arnulfpark 42

Kaufhaus Uhlfelder
Randale und Plünderung 46

Falkenturm
VIPs hinter Gittern 50

Flughafen München-Riem
Rückenwind ist nicht immer positiv 54

Alte Hauptsynagoge
Nach dem Aufschwung folgte der Abriss 58

Ludwigs Wintergarten
Wie der Vater, so der Sohn 62

Palais Pringsheim
Hier wohnte Thomas Manns Schwiegervater 68

Odeon
Ein Tempel für die Musik 74

Wilhelminische Veste
Askese eines Herzogs 78

Elektrotechnische Fabrik
Der Stadt an der Isar geht ein Licht auf 82

Kil's Colosseum
Rauschende Feste und eine Tragödie 86

Franziskanerkloster
Arm, ärmer, am ärmsten 90

Agfa-Hochhaus
Das Ende kam mit einem Knall 94

Urne und Plakette
Erinnern ist nicht immer leicht 100

Maximilians Wintergarten
Sehnsucht nach Wärme 104

Heiliggeistspital
Mit dem Breznreiter zum Viktualienmarkt 108

Yellow Submarine
Haie in Schwabing 112

Turm
Tiroler Wahrzeichen in München 116

Dachauer Bank
Zu schön, um wahr zu sein 120

Paulanerkloster
Vom Fastengetränk zum Verkaufsschlager 126

Josephspital
Erst der Bader, dann der Kurfürst 132

Frauenhaus
Heiß - heißer - Feuerwehr 136

Opernhaus am Salvatorplatz
Musikalisches Geschenk zur Hochzeit 140

Hotel Bellevue
Der Name war nicht mehr opportun 144

Bildungsanstalt
Ein Vorbild für alle 148

Schwarzer Adler
Duell mit Klavier 152

Schwabylon
Zu viel gewollt 156

Zollhäuschen
Je schwerer, desto teurer 160

Ungererbahn
Pack die Badehose ein 164

Henkerhaus
Unheimliches Klopfen an der Tür 168

Mädchenschule
Sie bekam ihren Willen 172

Atelier Elvira
Fotografieren und Frauenbewegung 176

Gaskessel
Nicht schön, aber hoch! 180

Quellen, Literatur, Bildnachweis 185

Vorwort

Liebe Leserinnen und Leser,
die Welt, in der wir leben, ist in ständiger Veränderung. Was gestern war, ist mitunter schon morgen Geschichte. Orte entstehen, Orte verschwinden. Mal dauert es nur wenige Jahre, mal Jahrtausende. So werden uns die Pyramiden bei Kairo noch lange an die Dynastien des alten Ägyptens erinnern.

Aber so gewaltig muss man gar nicht denken. Jeder kennt Verschwundenes in seinem eigenen Leben. Ich zum Beispiel habe einen ganz persönlichen Ort, der meine Kindheit geprägt hat.

Es war das Holzhäuschen meiner Oma im Bayerischen Wald. Ein Nachkriegsfertighaus im Niemandsland, ohne warmes Wasser und Kanalanschluss, dafür mit Holzofen und Sickergrube. Das Haus stand inmitten eines riesigen Gartens, den ich als kleiner Bub, der im großen München lebte, für das Paradies hielt. Überall gab es Beete und Sträucher mit Erdbeeren, Johannisbeeren, Radi, Erbsen, Karotten ... ich konnte gar nicht genug bekommen davon. Unter den riesigen Bäumen, die ein kleines Wäldchen bildeten, gab es sogar Pilze – die wir auf dem Holzofen schmorten und mit Salz und Butter vernaschten.

Früh morgens machte ich mich quer übers Feld auf zum nächsten Bauernhof, in der rechten Hand eine zerbeulte Kanne für die frische Milch. Meine Oma backte derweil Kuchen oder rieb Kartoffeln für die

„Lehnen Sie sich zurück und lassen Sie sich entführen in vergangene Zeiten. Vielleicht kommt Ihnen beim Lesen ja auch wieder ein ganz persönlicher Ort in den Sinn, an den Sie sich gerne erinnern."

Knödel, die es zum Schweinebraten gab. Abends dann füllte meine Oma eine Blechwanne in der Küche mit Wasser, das sie auf dem Ofen heiß gemacht hatte, und schrubbte uns Saubären wieder ordentlich sauber. Mich, meine Schwester und all die Cousinen und Cousins, die fast jeden Tag zur Oma kamen und noch heute im Bayerischen Wald leben. Alle unsere Schulferien verbrachten wir dort. Es gab keinen anderen Ort, an dem wir damals lieber gewesen wären.

Mit meiner Oma starb auch mein Paradies. Das Grundstück wurde verkauft, die Bäume gefällt, die Beete eingeebnet. Das Haus wurde zu einem Feriendomizil umgebaut. In einem Anflug von Nostalgie war ich vor einigen Jahren noch mal dort. Es ist ein anderer Ort geworden, der mir fremd ist. Mein Paradies gibt es nicht mehr. Aber die Erinnerungen bleiben.

Verschwundene Orte zeigt auch das neue Buch von Eva-Maria Bast und Melanie Kunze. Es ist nach den erfolgreichen Vorläufern „Münchner Geheimnisse" und „Münchner Kalenderblätter" das vierte Werk aus der München-Serie von Bast Medien. Das Buch zeigt Münchner Orte, wie den Volksgarten, den Glaspalast oder das Henkerhaus, die die Zeit nicht überdauert haben, über die es aber viele interessante Geschichten gibt.

Oder die Ungererbahn, wer kennt die noch? Die Bahn war, wenn man so will, ein Vorbote der elektrischen Straßenbahn und verband die Endhaltestelle der Pferdebahn mit dem beliebten Schwabinger

Würmbad, dem heutigen Ungererbad. Die Bahn war ein voller Erfolg. Warum sie dennoch nur ein Jahrzehnt lang fuhr, auch das lesen Sie auf den folgenden rund 180 Seiten.

Lehnen Sie sich zurück und lassen Sie sich entführen in vergangene Zeiten. Vielleicht kommt Ihnen beim Lesen ja auch wieder ein ganz persönlicher Ort in den Sinn, an den Sie sich gerne erinnern. Und vielleicht nehmen Sie ein Blatt Papier und einen Stift zur Hand und halten diese Erinnerungen fest. Damit der Ort überdauert, auch wenn es ihn so nicht mehr gibt.

Wolfgang Hauskrecht
Verantwortlicher Redakteur Ressort Blickpunkte
Münchner Merkur

Die Autoren

Eva-Maria Bast, 1978 in München geboren, ist Geschäftsführerin der Bast Medien GmbH. Die *Verschwundenen Orte* sind ihr viertes Buch über ihre Geburtsstadt. Sie wurde für ihre Arbeit mehrfach ausgezeichnet. Unter anderem erhielt sie für ihre Buchreihe *Geheimnisse der Heimat* den Deutschen Lokaljournalistenpreis der Konrad-Adenauer-Stiftung. Eva-Maria Bast ist Dozentin an der Hochschule der Medien in Stuttgart und Romanautorin, unter anderem mit Jørn Precht unter dem Pseudonym Charlotte Jacobi.

Melanie Kunze, Jahrgang 1976, studierte an der NTA Dr. Grübler in Isny Chemie, bevor sie die Branche wechselte und sich dem Journalismus und dem Verlagswesen zuwandte. Seit 2016 ist sie Büroleiterin und Projektredakteurin bei der Bast Medien GmbH in Überlingen. In München widmete sie sich mit großer Begeisterung den *Verschwundenen Orten* – und erlag wieder einmal dem Zauber, den die Stadt an der Isar schon immer auf sie ausgeübt hat. Die vierfache Mutter lebt mit ihrer Familie am Bodensee.

Achim Frank Schmidt, geboren Ende der 1970er-Jahre, wuchs im beschaulichen Süden Bayerns in Sichtweite zu den Alpen auf. Nach seiner Schulzeit bereiste er über über ein Jahrzehnt Asien, Amerika und Ozeanien. Dabei verliebte er sich in die Fotografie. Nach seiner Rückkehr schulte er sein Auge an der Blocherer Schule in München. Achim Frank Schmidt arbeitet als Fotograf im Bereich People, Architektur und Reportage für verschiedenen Magazine, Zeitungen und Werbekunden in Deutschland und darüber hinaus.

Die erste Herz-Jesu-Kirche in München brannte nach einem Bombenangriff 1944 ab.

Herz-Jesu-Kirche

Zerbombt, verbrannt und neu erstanden

Es ist der 26. November 1994, 4 Uhr morgens. Oberbürgermeister Christian Ude schreckt aus dem Schlaf hoch. Das Telefon schrillt durch die nachtstille Wohnung. Ude ist sofort hellwach. Wenn um diese Uhrzeit das Telefon klingelt, dann ist etwas passiert. Er eilt durch den langen Flur und nimmt ab. Am anderen Ende der Leitung meldet sich der Kommandant der Münchner Berufsfeuerwehr: Die Herz-Jesu-Kirche im Stadtteil Neuhausen brennt lichterloh! Minuten später steht ein Einsatzwagen vor Udes Haus in Schwabing. Mit Blaulicht und Martinshorn wird der OB

Der Neubau der Herz-Jesu-Kirche lädt die Besucher mit seinen geöffneten Türen zum Gottesdienst ein.

zur Brandstelle gefahren. Was er sieht, gleicht einem Inferno. „Der Himmel war brandrot und die Hitze enorm“, erinnert er sich noch ein Vierteljahrhundert später genau an die Unglücksnacht.

Mit der Drehleiter fährt Ude nach oben, um sich den Brand aus der Vogelperspektive ansehen zu können. „Es war so heiß, dass die Glasfenster schmolzen. Das flüssige Glas tropfte über das Aluminium“, berichtet er. Im Internetauftritt der Freiwilligen Feuerwehr München ist über diese Nacht zu lesen: „Der Dachstuhl bricht schlagartig ein. Ein Feuersturm bricht los, mit Wasservorhängen schützt und kühlt die Feuerwehr die Fassaden und Dächer der umliegenden Häuser.“
Während der OB hoch oben steht und voller Entsetzen auf das Flammenmeer schaut, wird Ude bewusst, was da eigentlich brennt: eine Kirche. Natürlich. Das vor allem. Aber auch der ehemalige Kinosaal- und Theatersaal des SS-Wachpersonals am Obersalzberg. „Als die Amerikaner einmarschierten, dachten sie sich: Dieses Gebäude ist doch zu schade, um es abzureißen. In München sind so viele Kirchen

abgebrannt und der Bedarf ist riesig", berichtet das einstige Stadtoberhaupt. „Also haben sie den Kino- und Theatersaal abgebaut, nach Neuhausen gebracht und dort wieder aufgebaut." Denn die Gemeinde brauchte dringend ein neues Gotteshaus, war der 1890 geweihte Vorgängerbau doch beim Bombenangriff der Alliierten am 12. Juli 1944 in Schutt und Asche gelegt worden. In der sogenannten „Notkirche", für die die Amerikaner gesorgt hatten und die von Architekt Friedrich Haindl (1910-2002) in den Jahren 1948 bis 1951 zu einem Gotteshaus umgestaltet wurde, entstand in den kommenden 50 Jahren ein lebendiges Gemeindeleben. „Dort war der berühmte Pfarrer Betzwieser tätig, und deshalb wurde die Herz-Jesu-Kirche für den Münchner Katholizismus sehr wichtig und über die Stadtgrenzen hinaus bekannt", erklärt Ude. Immerhin 1.200 Menschen fanden hier Platz – und die lauschten den Predigten ihres begnadeten Pfarrers Fritz Betzwieser (1929-1993) – oder der Musik, denn da die Kirche mit Holz ausgekleidet war und auch über eine hölzerne Decke verfügte, hatte sie eine hervorragende Akustik. Ab 1953 stand hier die zweitgrößte Orgel Münchens. Unter der Leitung von Musikdirektor Josef Schmidhuber (1924-1990) und Professor Karl Maureen bildete sich in der Kirche eine langjährige Kirchenmusiktradition.

Münchens einstiger OB, Christian Ude, erlebte den Brand der zweiten Herz-Jesu-Kirche auf der Drehleiter.

Und genau ein halbes Jahrhundert, nachdem der Vorgängerbau dieser Kirche von den Bombern der Alliierten in Schutt und Asche gelegt worden war, klingelte bei Christian Ude frühmorgens um vier Uhr das Telefon, weil diese einstige Notkirche, in der so viel christliches und kulturelles Leben entstanden war, in Flammen aufging.

Umso schöner findet Ude, was stattdessen dort während seiner Amtszeit entstand: Nach den Plänen des Architekturbüros Allmann Sattler Wappner wurde eine Kirche gebaut, deren komplette Vorderseite sich vollständig öffnen lässt: Die beiden größten Kirchentore der Welt reichen bis zum Dach. „Wenn man sie öffnet, ist die Kirche ein offenes Gebäude – was für die Offenheit der Gemeinde steht", sagt Ude. Was für ein schöner Kontrapunkt zu der Tatsache, dass der Vorgängerbau ursprünglich den SS-Wachmannschaften gedient hatte! Mit ihrer christlichen und kulturellen Arbeit hatte die Kirchengemeinde dem schon sehr viel entgegengesetzt. Und die neue Herz-Jesu-Kirche, dieses architektonische Wunderwerk, unterstreicht nun: Wir sind offen. Für alle.

Eine Aufnahme der zweiten Herz-Jesu-Kirche aus dem Jahre 1993.

Hier stand die Herz-Jesu-Kirche:

Der Vorgängerbau des heutigen Gotteshauses befand sich an der gleichen Stelle wie die heutige Kirche in der Lachnerstraße 8, München-Neuhausen.

Von Industriemessen bis hin zu Kunstausstellungen: Der Glaspalast bot vielen Veranstaltungen ideale Räumlichkeiten.

Glaspalast

Ein Hauch London für München

Wer bei Sonnenschein unter einem der großen, schattenspendenden Kastanienbäume in dem schön angelegten Biergarten des Park Cafés sitzt, wird sich wohl kaum Gedanken darüber machen, dass an diesem Platz einst ein Stück deutsche Industriegeschichte geschrieben wurde. Den Stein ins Rollen brachte König Maximilian II. (1811-1864), denn die Hauptstadt seines Königreichs Bayern sollte den anderen europäischen Metropolen – wie Paris oder London – nicht weiter hinterherhinken. „Während Bayern noch überwiegend Agrarland war, griff die Indust-

Blick vom Alten Botanischen Garten über den Biergarten Richtung Park Café.

rialisierung innerhalb und außerhalb der deutschen Länder unaufhaltsam um sich", verweist Liane Reithofer auf den unterschiedlichen wirtschaftlichen Entwicklungsstand.

Einen frühen Höhepunkt markierte die erste Weltausstellung 1851 in London. Auch König Maximilian machte sich auf den Weg an die Themse und war von dem Wahrzeichen der Ausstellung, dem Crystal Palace von Joseph Paxton (1803-1865), so nachhaltig beeindruckt, dass er in München ein ebenso spektakuläres Bauwerk errichten lassen wollte. Einen Anlass dafür hatte er auch: Die „Erste Allgemeine Deutsche Industrieausstellung" sollte 1854 in der Hauptstadt Bayerns stattfinden. Und die sollte schließlich etwas hermachen.

„Während Bayern noch überwiegend Agrarland war, griff die Industrialisierung innerhalb und außerhalb der deutschen Länder unaufhaltsam um sich."

Freudig machte sich der König daran, seine Pläne in die Tat umsetzen zu lassen – was allerdings mit einigen Schwierigkciten verbunden war, denn schon die Auswahl des Standortes für die gewächshausartige Halle, die Seiner Hoheit vorschwebte, war nicht ganz einfach. Ursprünglich war der heutige Maximiliansplatz dafür vorgesehen gewesen, doch die eigens einberufene Kommission fand, dieser Platz sei verkehrstechnisch ungünstig gelegen. „Er sollte näher am Bahnhof sein, weshalb man sich letztendlich für den heutigen Alten Botanischen Garten entschieden hat", beschreibt die Gästeführerin die Kriterien für die Wahl des Ortes.

Als Vorbild für den Glaspalast diente der Crystal Palace in London.

Den Zuschlag für die Planung des Gebäudes erhielt der Architekt August von Voit (1801-1870), der für die Erstellung eine Modulbauweise aus bereits vorgefertigten Eisengittern und Glassegmenten vorsah. „Geliefert wurden die Teile von der Firma Cramer-Klett. Die fünfschiffige Halle mit einer Länge von 234 Metern und einer Breite von 67 Metern bei einer Gesamthöhe von 25 Metern konnte so innerhalb von neun Monaten aufgebaut werden", erläutert die Münchnerin die Konstruktionsweise und die Abmessungen. „Trotzdem war der Zeitplan sehr straff, denn zwischen der Übergabe des Ausstellungsgebäudes am 8. Juni 1854 und der Eröffnung lagen gerade einmal fünf Wochen." In der *Stadtchronik München* ist dazu für den 1. Juli zu lesen, dass die „Mehrzahl der Ausstellungsgegenstände für die Allgemeine Deutsche Industrieausstellung eingetroffen und die Anzahl derselben wohl so groß sei, daß, der innere Raum des herrlichen Gebäudes beinahe als zu klein" erschien.

Dennoch wurde die Eröffnung ein voller Erfolg: 6.588 Aussteller, zehntausende Besucher aus der ganzen Welt und auch viele gekrönte Häupter kamen in Scharen. „Die Plätze und Straßen um und in der Nähe des Glaspalastes waren überfüllt von Menschen, sodass es sowohl für die Fuhrwerke als für die Fußgeher schwer wurde, durchzukommen und nur mit äußerster Mühe konnte die Ordnung aufrechterhalten werden", beschreibt die *Stadtchronik* München die Zustände rund um das Ausstellungsgelände. Und zur Eröffnung selbst ist vermerkt: „Um 11 Uhr wurden die Thüren eröffnet, der Zudrang lässt sich nicht beschreiben. Jeder Eintretende war sichtbar überrascht von dem, was sich seinem Auge darbot."

Liane Reithofer erzählt mit viel Freude aus der Geschichte ihrer Heimatstadt.

München sei in jenen Tagen wie in einem Rausch gewesen, erklärt Liane Reithofer. „Doch auch diesem folgte der berüchtigte Kater", geht die Gästeführerin auf die sich anbahnende Katastrophe ein: Die Cholera wütete im Ausstellungsjahr in ganz Europa, und auch München war dagegen nicht gefeit. Wenige Tage nach der Eröffnung erkrankten erst Bedienstete, später dann Ausstellungsbesucher und schließlich auch Bürger. Innerhalb von zwei Monaten waren in München fast 6.000 Menschen infiziert und knapp die Hälfte von ihnen verstorben. „Viele Messegäste und auch reiche Münchner flüchteten so schnell sie nur konnten aus der Stadt", verdeutlicht die Gästeführerin die dramatische Lage. „Und nicht nur die Ausstellungshallen waren verwaist, auch die Straßen und Plätze waren nahezu menschenleer."

Nach Ende der Ausstellung sollte die zwischenzeitlich mit dem Namen „Glaspalast“ bedachte Ausstellungshalle wieder abgerissen werden. Da die Kosten aber mit 200.000 Gulden enorm hoch waren, entschied man sich, die Räumlichkeiten stattdessen einer anderen Nutzung zuzuführen. Der Glaspalast war zunächst gerettet. Die vielen Vorschläge – Gewächshaus, Kaufhaus, Wintergarten mit Badebetrieb – konnten allesamt nicht überzeugen. „Schließlich wurde der Glaspalast als Veranstaltungsraum genutzt“, nennt die Münchnerin den weiteren Verwendungszweck, „insbesondere für Kunstausstellungen.“ 1869 fand die weltweit beachtete „Erste Internationale Kunstausstellung“ in dem Gebäude aus Glas und Gusseisen statt.

Ein Anblick, der für Entsetzen sorgte: Am 6. Juni 1931 wabert der Rauch noch am Boden des zerstörten Glaspalasts.

Dann kam das Jahr 1931. Und das sollte zum Schicksalsjahr werden: „Wieder strömten die Massen in den Glaspalast, um dort die Werke der bedeutendsten Romantiker, unten ihnen Caspar David Friedrich, Karl Friedrich Schinkel und Moritz von Schwind, zu betrachten“, beginnt Liane Reithofer über das letzte Kapitel des Glaspalastes zu erzählen. Gezeigt wurden die Gemälde im Rahmen der Ausstellung „Deutsche Romantiker“. Doch die Werkschau sollte ein jähes Ende nehmen: Am 6. Juni 1931 wurde um halb vier Uhr morgens Alarm ausgelöst. Der Glaspalast brannte lichterloh, und wenige Stunden später waren nur noch rauchende Trümmer, geschmolzenes Glas und verbogene Stahlträger übrig. „110 Werke wurden ein Raub der Flammen, 100 schwer beschädigt und 80 konnte man retten", zieht die Münchnerin eine düstere Bilanz der Brandnacht. Im folgenden Winter wurde die nunmehr freie Fläche zum Eisstockschießen und Eislaufen genutzt – Wiederaufbaupläne kamen durch die Machtergreifung Hitlers nicht mehr zustande: Ein Gebäude aus Glas passte so gar nicht zum bevorzugten Baustil des Diktators. Stattdessen entstand eine andere Idee: Nach den Plänen des Architekten Oswald Bieber (1874-1955) wurde zwischen 1935 und 1937 das heutige Park Café gebaut.

„110 Werke wurden ein Raub der Flammen, 100 schwer beschädigt und 80 konnte man retten."

Kunst kann hier heute niemand mehr betrachten. Aber es sich schmecken lassen und über König Maximilian II. und seinen Glaspalast nachdenken, das funktioniert ganz hervorragend.

Hier stand der Glaspalast:

Das auf den Ruinen des Glaspalastes aufgebaute Park Café steht an der Sophienstraße 7.

Der Kaimsaal konnte mit einer schön gestalteten Fassade überzeugen.

Kaimsaal

Ursprungsort der Münchner Philharmoniker

Dass es den mit Talenten reich gesegneten Franz Kaim (1856-1935) einst nach München verschlug, empfindet Grit Ranft als glückliche Fügung des Schicksals. Bereits als Student kam der Sohn eines Stuttgarter Pianofortefabrikanten in die Isarstadt und war derart angetan von der geistigen und kulturellen Atmosphäre, dass er München zu seiner Wahlheimat erkor. So weit, so spannend. Aber inwiefern ist das nun eine glückliche Fügung des Schicksals? Ganz einfach: „Ohne ihn hätte es die so bekannten wie beliebten ‚Kaimkonzerte' nicht gegeben, aus denen die

Heute erinnert in der Türkenstraße nichts mehr an das musikalische Erbe.

Münchner Philharmoniker hervorgingen", wie Grit Ranft erklärt. Eigentlich beabsichtigte Kaim mit den ab 1891 veranstalteten Klavier- und Gesangsabenden vor allem, die Instrumente seines gleichnamigen Vaters Franz Kaim (1822-1901) bekannt zu machen. Doch auch die Musiker lagen ihm am Herzen, und er wollte ihnen eine Bühne bieten.

Diese Kaimkonzerte erfreuten sich so großer Beliebtheit, dass der promovierte Philologe noch eins draufsetzte und kurz entschlossen das „Kaim-Orchester" gründete. „Und diesem wollte er auch ein würdiges Ambiente bieten", schildert Grit Ranft, die sich mit der Baugeschichte der Maxvorstadt beschäftigt hat. Gedacht, getan: Kaim gab ein Gebäude im sogenannten Louis-Seize-Stil in Auftrag, das 1895 von Martin Dülfer (1859-1942) entworfen wurde. Der Architekt schmückte nicht nur die Fassade, sondern vor allem auch das Innere mit virtuoser Ornamentik. Er sollte später als einer der bedeutendsten Jugendstilarchitekten in die Baugeschichte Münchens eingehen, und dieser damals gänzlich neuartige Stil zeichnete sich schon bei der Gestaltung des Kaimsaals ab: Ein farbiger Hauptfries, die für Dülfer so typischen Blattmasken und natürlich die Arbeit mit unterschiedlichen Putzsorten deuteten den revolutionären Weg, den der Künstler später gehen sollte, bereits an. „Wie gerne würde ich im Hauptsaal der großen Konzertorgel lauschen und dabei die Stuckelemente betrachten. Oder einfach durch das grandiose Treppenhaus flanieren!", schwärmt die Gästeführerin. In diesem Ambiente ließ es sich natürlich auch vortrefflich musizieren. „Durch kluge Programmgestaltung, Abonnementkonzerte, Volkssymphoniekonzerte (seit 1898) und populäre Sonntagskonzerte sowie durch erfolgreiche Gastspielreisen errang dieses Orchester rasch Ansehen und Bedeutung", schreibt Wilhelm Zentner in der *Neuen Deutschen Biographie* über das Kaim-Orchester.

„Im Oktober 1905 benannte Kaim das Konzertgebäude in *Tonhalle* um", erzählt die Münchnerin. Und Kaim gedachte zudem, sein Repertoire zu erweitern: 1907 beantragte er gemeinsam mit dem Schauspieler Hermann Wagner die Genehmigung für ein Kabarett im Erdgeschoss der Tonhalle. Die Ortspolizei gestattete die „öffentliche Veranstaltung von Gesangs- und deklamatorischen Vorträgen", allerdings beschränkt auf „das Couplet, den Volks- und Sprachgesang, auf theatralische Szenen mit einfachstem Kulissenaufwand, auf das Schattenspiel, die Pantomime und die plastische Karikatur".

Ideen hatte Kaim viele: Allein, das Geld ging ihm nach und nach aus. 1908 war die finanzielle Schieflage existenziell, doch Rettung war in Sicht: „Sie konnte durch die Gründung des ‚Konzertvereins München' behoben werden und der Fortbestand des Orchesters, das sich nunmehr ‚Konzertvereinsorchester' nannte, wurde gesichert", schreibt Zentner. Das international angesehene Orchester brachte viele Uraufführungen von Werken zeitgenössischer Komponisten auf die Bühne. Kaim wollte sich jedoch zurückziehen: „Obwohl man ihn zum Ehrenvorsitzenden des Vereins ernannte, schied er auf eigenen Wunsch aus der Leitung aus", berichtet Grit Ranft. 1924 übernahm die Stadt München die finanzielle Verantwortung für das Orchester. „Hier wechselte es das letzte Mal den Namen hin zu den Münchnern Philharmonikern", erzählt die Münchnerin die Geschichte weiter.

Nach wie vor fanden in dem Gebäude nicht nur Konzerte statt:

Am 30. November 1926 war die Tonhalle vollkommen überfüllt, weil der Schriftsteller Thomas Mann (1875-1955) eine große öffentliche Kundgebung initiiert hatte, die unter dem Motto *Kampf um München als Kulturzentrum* stand. „Doch neben diesen sehr ernsten Veranstaltungen gab es auch leichtere Kost", berichtet die Münchnerin. So brillierte 1928 die damals sechsjährige Bally Prell (1922-1982) auf der Bühne. „Das Publikum war von dem kleinen Mädchen und ihrer wunderbar weichen Tenorstimme entzückt", beschreibt die Gästeführerin die Reaktion der Zuhörer auf die ungewöhnlich dunkle Stimmlage des Kindes.

Grit Ranft hätte gerne einmal den Klängen im Kaimsaal gelauscht.

Als die Nationalsozialisten die Macht ergriffen, wurde auch das Ende des Kaimsaals eingeläutet: Ab 1933 wurden die Werke jüdischer Komponisten aus den Spielplänen gestrichen, jüdische Musiker durften nicht mehr in den Orchestern spielen. Und am 25. April 1944 ging die Tonhalle im Bombenhangel unter. Zwar konnten die Münchner Philharmoniker später, am 8. Juli 1945, erstmals nach dem Krieg im Prinzregententheater wieder auftreten. Bis sie jedoch erneut einen eigenen Konzertsaal bekamen, sollte es gut 40 Jahre dauern. Mit der Eröffnung des Gasteigs am 10. November 1985 war es dann endlich wieder so weit: Die Münchner Philharmoniker spielten in der Philharmonie den *Feierlichen Einzug* von Richard Strauss (1864-1949).
Ein wahrhaft fulminantes Finale einer bewegten Geschichte von Untergang und Neubeginn.

Hier stand der Kaimsaal:

Er befand sich in der Türkenstraße 5, wo heute das Bürohaus des Bayerischen Hotel- und Gaststättenverbands beheimatet ist.

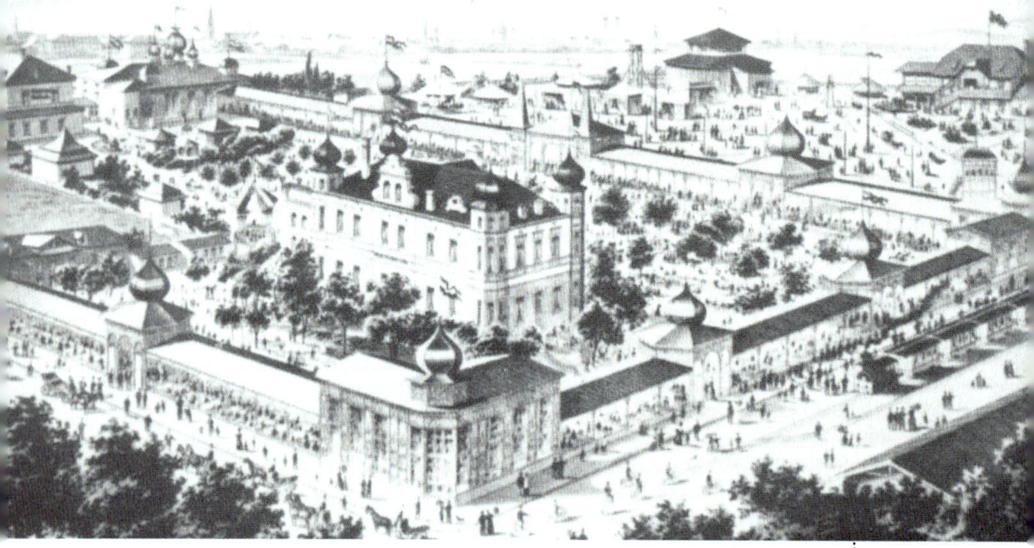

Die Luftaufnahme zeigt einen Überblick über das Gelände des Volksgartens um 1900.

Volksgarten

Freud und Leid

Geschäftssinn und Wagemut, gepaart mit jeder Menge Kreativität und einem augeprägten Sinn für Ästhetik: Das ist die Mischung, die es für ein Vorhaben wie die Realisierung des Volksgartens Nymphenburg brauchte. Und genau diese Mischung brachten der Geschäftsmann Heinrich Theodor Höch (1845-1905) und Hugo Oertel, ein österreichischer Varieté- und Zirkus-Unternehmer (1858-20.Jhdt.), mit: Höch hatte das Geld und Oertel die Idee. „Gemeinsam ermöglichten sie, dass der Volksgarten Nymphenburg als größtes Vergnügungsetablissement Deutschlands am 15.

Blick von oben auf das ehemalige Gelände von Münchens erstem Vergnügungspark.

Mai 1890 eröffnen konnte", erzählt die geschichtsinteressierte Münchnerin Dr. Claudia Wagner von den Anfängen des Vergnügungsparks.

Die Herren waren schnell: Von der ersten Planung bis zur Fertigstellung dauerte es gerade mal 16 Monate. „Immerhin handelte es sich um eine Fläche von 60.000 Quadratmetern, auf der sich bis zu 30.000 Besucher tummeln konnten", beschreibt die Kunsthistorikerin die Ausdehnung des Parks. Und auch in Sachen Marketing waren die beiden Unternehmer clever: Geschickt lancierte Theodor Höch zur Eröffnung eine Pressemeldung, die die Lust auf den Park noch steigern sollte: „Von der Großartigkeit der Anlagen, wie sie in Deutschland und in Oesterreich in diesem Genre kaum zu finden sind, wird man sich einen Begriff machen, wenn hinzugefügt wird, daß der Volksgarten an Baukosten nahezu zwei Millionen verschlang."

„Immerhin handelte es sich um eine Fläche von 60.000 Quadratmetern, auf der sich bis zu 30.000 Besucher tummeln konnten."

Bei diesen hohen Investitionen konnte natürlich auch viel geboten werden. Dass die Besucher nicht enttäuscht wurden, bestätigte ein Zeitungsreporter im Eröffnungsjahr. Der Zeitzeuge begann seine Beschreibung mit dem Inneren Volksgarten: „Schon vom Weitem grüßen uns seine zahlreichen Thürme und Kuppeln und von dem flüchtigen Dampfroß vor den einen der Eingänge gebracht, begrüßen uns schattige Bäume und laden uns zum Verweilen ein." Die Bäume seien die Überreste des einstigen Gartens der Brauerei Nymphenburg, die sich zuvor auf dem Gelände befunden hatte. Der Hügel war nun „von allen Seiten [...] mit hübschbewachsenen Felsen und terrassenförmigen Ruheplätzen umgeben, die von alten Kastanien und Eschen beschattet werden."

Dr. Claudia Wagner ist fasziniert vom einstigen Münchner Volksgarten.

Mitten durch den Hügel sei eine Felsengrotte verlaufen, beschreibt Claudia Wagner eine weitere Attraktion des Vergnügungsparks. Und auf dem Hügel selbst stand das zweistöckige Restaurationsgebäude mit seinen vier Türmen. Außer mit Speis und Trank wurden die Besucher auch mit Musik verwöhnt. Hierfür gab es einen eigenen Pavillon. Und „an einer Reihe zwischen Flieder und Spireen lauschig versteckten Rundplätzen vorüberschreitend, gelangen wir an das Caroussell", das wohl laut besagtem Zeitungsreporter, „einen Hauptanziehungspunkt für die liebe Jugend und mitunter wohl auch für die alten bildet".

Der Volksgarten wurde tatsächlich zum Besuchermagnet für alle Bevölkerungsschichten. „Die schwindelerregendsten Attraktionen waren eine Seilbahn mit eleganten Gondeln aus Eichenholz in immerhin

20 Metern Höhe und ein Heißluftballon – in damaliger Zeit nichts für sanfte Gemüter", erzählt Claudia Wagner. Jürgen Weisser schreibt in seinem Werk *Zwischen Lustgarten und Lunapark. Der Volksgarten in Nymphenburg (1890-1916) und die Entwicklung der kommerziellen Belustigungsgärten*, dass es „neben einer weiteren Restauration und stationären Vergnügen im Sommer einen stationären Jahrmarkt mit Schaubuden und Fahrgeschäften von Schaustellern" gab.

Diese Aufnahme des Pavillons entstand um 1890 im Volksgarten.

Eine Anzeige versprach „eine Almhütte, ein oberbayerisches Dorfwirtshaus darstellend, mit Tanzplatz, auf welchem echt oberbayerische Dorfmusikanten zum Tanz aufspielen". Nicht nur dort konnte man sich den kulinarischen Genüssen hingeben: Es gab auch noch die „Wirthschaft zur Schützenliesel. Bedienung in oberbayerischer Tracht. Bratwurströsterei, Hühnerbraterei" und natürlich „Deutsche und chinesische Caroussels, Schießhallen, amerikan. Photographie, Schaustellungen aller Art, Seiltänzer, Gymnastiker-Truppen etc. etc." Doch dann begann der so hell leuchtende Stern des Volksgartens zu sinken: Investor Heinrich Theodor Höch baute immer höhere Schulden auf, was ihn schließlich und endlich dazu zwang, das Angebot deutlich zu reduzieren. Das war der Attraktivität des Parks freilich abträglich. In der Wintersaison 1892/93 fiel sogar das Konzert- und Ballprogramm gänzlich dem Rotstift zum Opfer. Höch gab jedoch nicht so schnell auf: Der Unternehmer gründete mit seinem Neffen, einem Fahrradgroßhändler, einem Privatier, einem Firmenbesitzer, einem Kaufmann und der Hackerbräu AG die „Sportplatz Nymphenburg Volksgarten GmbH", die den

Belustigungsgarten kaufte. Durch diesen Trick gelang es ihm, die Zahlungsfähigkeit wiederherzustellen.

Und die neuen Attraktionen ließen auch nicht lange auf sich warten: 1897 wurde ein Aussichtsturm eröffnet, von dem man, von einem modernen elektrischen Aufzug in 35 Meter Höhe gebracht, das herrliche Alpenpanorama bewundern konnte.

Grundsätzlich war die neue Ausrichtung des Volksgartens nun durch den Sport geprägt: Statt der Artisten sollten jetzt Sportveranstaltungen für ausverkaufte Plätze sorgen. „Beim Velodrom, das für neuartige Radrennen angelegt wurde, konnten Wetten abgegeben werden, ebenso bei der Trabrennbahn. Wer selbst mal einen kühnen Ritt ausprobieren wollte, ging ins Hippodrom", erzählt Claudia Wagner. Das Angebot kam bei den Münchnern allerbestens an, ein weiterer Tanz- und Sportsaal für bis zu 6.000 Personen wurde errichtet. Neuerliche Probleme ließen jedoch nicht auf sich warten: Nach Fertigstellung nahm die Baubehörde den neuen Tanzpalast nicht ab, da sie die Stabilität des Eisendachs bezweifelte. Somit konnte die teure Investition nie genutzt werden, schlimmer noch: 1903 ordneten die Behörden sogar den Abbruch an.

Blick in die heutige Volksgartenstraße.

Das Rettungspaket war gescheitert, der so bekannte und beliebte Volksgarten musste Anfang August 1898 erneut verkauft werden: dieses Mal an Jakob Laßmann, mit dem eine wechselvolle Geschichte häufiger Eigentümer- und Pächterwechsel begann.

Erst als die Bayerische Bank das Unternehmen 1902 kaufte, kehrte wieder eine gewisse Stabilität ein. Das Finanzinstitut interessierte sich allerdings weniger für den Vergnügungspark als mehr für das Grundstück. Deshalb investierte die Bank nur das Nötigste. „Hoffnung flackerte noch mal auf, als der Vergnügungspark um einen Zoologischen Garten erweitert werden sollte, doch war der Tierpark Hellabrunn ab 1911 natürlich eine große Konkurrenz, und so verpuffte auch diese Option zur Rettung des Volksparks", beschreibt die Münchnerin einen weiteren gescheiterten Versuch auf wirtschaftlichen und vor allem nachhaltigen Erfolg. Sukzessive wurde der Volksgarten bereits ab 1910 rückgebaut, und im Januar 1916 verschwand mit der Hauptrestauration auf dem Hügel auch noch das letzte Stück der Vergnügungsstätte. München hatte damit ein Wahrzeichen verloren, das andere Metropolen in Europa – man denke an den Prater in Wien oder das Tivoli in Kopenhagen – zu erhalten wussten: einen Vergnügungspark.

Die Volksgartenstraße verläuft parallel zur Romanstraße.

Hier befand sich einst der Volksgarten:

Er erstreckte sich zwischen dem heutigen Romanplatz und der Südlichen Auffahrtsallee in Nymphenburg auf dem ehemaligen Gelände der Brauerei Nymphenburg. Heute erinnert nur noch die Volksgartenstraße an den einstigen Vergnügungspark.

Das Gemälde der Ludwigstraße aus dem Jahr 1842 zeigt auf der linken Seite das Herzog-Max-Palais.

Herzog-Max-Palais

Eine Manege für die spätere Kaiserin

Wenn Dagmar Mann die Ludwigstraße entlanggeht und bei der heutigen Hauptverwaltung der Bundesbank in Bayern an der Hausnummer 13 vorbeikommt, wird ihr jedes Mal aufs Neue bewusst, was für ein exquisiter und geschichtsträchtiger Vorgängerbau hier einmal stand – und wer darin geboren wurde. Keine Geringere nämlich als Elisabeth Amalie Eugenie, Herzogin in Bayern (1837-1898), die später als österreichische Kaiserin Sisi in die Geschichte einging. „Ihr Vater, Herzog Max, hat das Palais errichten lassen", erläutert die Münchnerin.

Nach dem Abriss des Herzog-Max-Palais während der NS-Zeit wurde es ähnlich wieder aufgebaut.

Diesem Bau ging jedoch eine unromantische Liebesgeschichte voran: Die Ehe zwischen Herzog Max und der Halbschwester König Ludwigs I. wurde aus dynastischen Gründen von seinem Großvater arrangiert. „Weder Ludovika, die sich in einen anderen Adeligen verliebt hatte, noch der Herzog, der als ‚Lebemann' bekannt war, zeigten sich begeistert von der angedachten Vermählung", beschreibt die Gästeführerin den Gemütszustand der einander Versprochenen. Obwohl aus dieser Verbindung zehn Kinder hervorgingen, war die Ehe nicht glücklich. Erst nach der Goldenen Hochzeit söhnte sich das Paar aus.

Wesentlich reibungsloser verlief dagegen die Errichtung des Palais. Über die Grundsteinlegung berichtet die *Allgemeine Zeitung*: „Da S. Majestät aber durch eine leichte Unpäßlichkeit verhindert war, so vertrat S. Kgl. Hoheit der Kronprinz des Monarchen Stelle. Der Herr Erbauer des Pallastes, so wie der Herzog August von Leuchtenberg, nahmen nebst Zeugen Antheil an dieser Feierlichkeit, welche unserer Stadt und der Ludwigstraße eine neue Zierde gewährt." Die Bauarbeiten begannen im Jahr der Eheschließung 1828 nach einem Entwurf von Leo von Klenze (1784-1864). Das klassizistische Palais umfasste nicht nur zahlreiche Kabinette, eine Bibliothek mit über 25.000 Bänden und eine Hauskapelle, sondern auch einen zweistöckigen, für 700 Gäste ausgelegten Ballsaal mit Springbrunnen. „Finanziell brauchte sich Herzog Max keine Sorgen zu machen, denn durch das Erbe seiner Mutter war er gut versorgt", erläutert die Münchnerin.

Mit der Zeugung des Bacchus startet Schwanthaler seinen imposanten Fries …

… und stellt dann die weiteren Lebensstationen des Weingottes dar.

Klenze war auch für die erlesene Ausstattung des dreigeschossigen Baus verantwortlich. Er verwendete nur besonders kostbare Materialien und orientierte sich bei der Gestaltung an der antiken Mythologie. So zierte das Fresko *Amor und Psyche* von Wilhelm von Kaulbach (1805-1874) den Ballsaal, ebenso die *Taten des Herkules* von Robert von Langer (1783-1846). Vom *Bacchuszug*, dem berühmten plastischen Fries von Ludwig Schwanthaler (1802-1848), finden sich heute noch Teile in der Eingangshalle des ähnlich konstruierten Nachfolgebaus. „Neben erlesenstem Mobiliar schmückten seidene Wandbespannungen und bunte pompejanische Ornamente die zahlreichen Räume des Palais", schwärmt Dagmar Mann. Nach Abschluss der Bauarbeiten 1831 erfolgte ein Jahr später der Einzug in das Palais.

Wie zufrieden Bauherr Herzog Maximilian war, ist seinem Dankesbrief an Klenze zu entnehmen: „Mein Herr Geheimer Rath! Da ich gegenwärtig mein unter Ihrer architektonischen Leitung erbautes Palais bezogen und solches in jeder Hinsicht zweckmäßig eingetheilt, geschmackvoll und mannigfaltig dekoriert und ebenso eingerichtet gefunden habe, so gereicht es mir zur besonderen Zufriedenheit, Ihnen dies noch besonders auszudrücken."

Dagmar Mann beschäftigt sich gern mit der Geschichte ihrer Heimatstadt.

Das Erdgeschoss des Gebäudes wurde zum Refugium von Herzog Max, während sich Ludovikas Gemächer im zweiten Stock befanden. 1833 ließ Herzog Max auf dem Gartengelände, das sich auf der Rückseite anschloss, einen Zirkusbau errichten, denn er liebte das Reiten und trat gerne in der Manege vor Publikum auf. „Auch Herzogin Ludovika ritt anfangs mit, mußte dieses Vergnügen wegen ihrer unablässigen Migräne aber wieder aufgeben", steht in dem Buch *Vom Herzog-Max-Palais zur Landeszentralbank* geschrieben. Der lebenslustige Herzog kaufte 1834 noch ein Anwesen in Possenhofen, auf dem Ludovika mit den Kindern die meiste Zeit des Jahres verbrachte. „Nur im Winter zog sie mit ihrer Kinderschar nach München, denn das Sommerschloss in Possenhofen verfügte nicht über genügend Heizungsmöglichkeiten", ergänzt die Gästeführerin und gibt noch eine weitere „Spezialität" des Herzogs Max preis: „Seine große Leidenschaft war die als Lumpeninstrument verkannte Zither. Sie brachte ihm auch den Spitznamen ‚Zither-Maxl' ein." Er spielte das Instrument virtuos, und machte es im Adel salonfähig.

Sechs Jahre lang stand das Herzog-Max-Palais schon, als am Heiligen Abend des Jahres 1837 das vierte Kind des Herzogpaares hier im zweiten Stock das Licht der Welt erblickte: Elisabeth, die spätere Kaiserin von Österreich. Wie der Vater war später auch die liebevoll „Sisi" Genannte eine begeisterte Reiterin und trat bisweilen selbst in der Manege auf. Als Herzog Max am 15. November 1888 nach zwei Schlaganfällen verstarb, war das Paar schon 60 Jahre verheiratet. „Das Palais an der Ludwigstraße ging dann in jeder Generation an den ältesten Sohn der Familie. Ludwig Wilhelm, der Enkel von Herzog Max und Herzogin Ludovika, zog jedoch das Landleben vor und vernachlässigte das ererbte Stadtquartier", schreibt Christine Stecher in ihrem Aufsatz *Wo Sisi zu Hause war*.

Die Zeichnung zeigt Herzog Max in Bayern im Jahr 1850.

Nach dem Ersten Weltkrieg konnte die Familie das große Palais nur noch unterhalten, indem einzelne Räume vermietet wurden. Schließlich musste das Anwesen sogar verkauft werden. Und da es den Plänen Adolf Hitlers (1889-1945) im wahrsten Sinne des Wortes im Wege stand, wurde es 1937 abgerissen. Der Vorstellung Hitlers folgend, konnte die Von-der-Tann-Straße dadurch verbreitert und damit der Flughafen Riem und die Prinzregentenstraße mit dem Bereich der NSDAP am Königsplatz verkehrstechnisch besser verbunden werden.

Wo einst das Herzog-Max-Palais gestanden hatte, wurde nun mit dem Neubau der Reichsbank begonnen. Über das Erdgeschoss und

Teile des ersten Stockwerks kamen die Bauarbeiten jedoch nicht hinaus: Kriegsbedingt musste die Errichtung des Gebäudes 1941 unterbrochen werden. Erst nach Kriegsende ging es an die Landeszentralbank über und beherbergt heute die Hauptverwaltung der Deutschen Bundesbank in Bayern.

Dagmar Mann trauert Sisis Elternhaus nach: „Ausgesprochen schade finde ich, dass ein Erinnerungsort an Herzog Max und die österreichische Kaiserin aus dem Münchner Stadtbild für immer verschwunden ist. Und mit ihm auch das schönste Adelspalais des Leo von Klenze."

„Ausgesprochen schade finde ich, dass damit ein Erinnerungsort an Herzog Max und die österreichische Kaiserin aus dem Münchner Stadtbild für immer verschwunden ist. "

Hier stand das Herzog-Max-Palais:

Das palastartige Gebäude befand sich in der Ludwigstraße zwischen Oskar-von-Miller-Ring und Rheinbergstraße.

Die Matthäuskirche stand mitten auf der Sonnenstraße, in etwa auf Höhe der Einmündung Herzogspitalstraße.

Matthäuskirche

Parkplätze statt Gottesdienste

Wenn man wie Sibylle Reinicke den Blick über den Sendlinger-Tor-Platz Richtung Sonnenstraße schweifen lässt, fällt einem nichts in Auge, was an die erste protestantische Kirche im Altstadtviertel erinnern könnte. „Und das finde ich ausgesprochen schade“, beschreibt die Münchnerin ihre Gefühlslage.

Doch bevor etwas aus dem Stadtbild verschwinden kann, muss es folgerichtigerweise erst einmal gebaut werden. „Und der Weg zum Bau dieser ersten evangelischen Kirche im erzkatholischen München

Heute herrscht auf der Sonnenstraße rege Betriebsamkeit.

gestaltete sich schwierig", berichtet die Gästeführerin und ergänzt: „Begonnen hat die Öffnung für den Protestantismus in München mit einer badischen Prinzessin und deren Hochzeit im Jahre 1797." Denn Karoline von Baden (1776-1841) hielt im Ehevertrag mit dem verwitweten Max Joseph (1756-1825), damals noch nicht einmal bayerischer Kurfürst, sondern „nur" Herzog von Pfalz-Zweibrücken, fest, dass sie ihre evangelische Konfession nicht werde wechseln müssen. Obendrein gestand ihr der spätere bayerische Monarch eine evangelische Hofgemeinde und einen Hofprediger zu. Rund zwei Monate nach dem Regierungsantritt im Februar 1799 hielt der Kabinettsprediger Ludwig Friedrich Schmidt (1764-1857) – der erste in Altbayern zugelassene evangelische Geistliche – am 12. Mai 1799 den initialen evangelischen Gottesdienst im

„Begonnen hat die Öffnung für den Protestantismus in München mit einer badischen Prinzessin und deren Hochzeit im Jahr 1797."

Grünen Saal des Südflügels von Schloss Nymphenburg.

In der Residenz wurde dann beim ehemaligen Ballhaus, etwa dort, wo heute der Comité Hof des Cuvillies-Theaters beheimatet ist, eine evangelische Kirche errichtet. Doch diese reichte mit der Zeit nicht mehr aus, weshalb die Rufe nach einer evangelischen Pfarrkirche lauter wurden. Max I. Joseph versprach, für ein solches Gotteshaus zu sorgen – und er hielt Wort: Anlässlich der Gründung der evangelischen Pfarrei München 1806 wurde ihr die ehemalige Friedhofskirche der Frauenkirche St. Salvator zur Nutzung überlassen. „Doch so schön, wie es sich anhörte, war es leider nicht", beschreibt die Münchnerin die schwierigen Umstände. „Die Gemeinde konnte die Kirche nicht wirklich nutzen, denn diese diente als Abstellraum, als Wagenremise und wurde sogar phasenweise als Getreidespeicher genutzt." Doch die Gemeinde dachte gar nicht daran, nachzugeben, und forderte beharrlich entsprechende Räumlichkeiten.

„Die Gemeinde konnte die Kirche nicht wirklich nutzen, denn diese diente als Abstellraum, als Wagenremise und wurde sogar phasenweise als Getreidespeicher genutzt."

„Es wurden immer mal wieder Pläne sowohl von der Gemeinde als auch seitens der Verwaltung entwickelt und – kaum erstellt – auch schon wieder verworfen", erklärt die Gästeführerin. Am 6. September 1825 hatte es die Gemeinde dann schließlich und endlich Schwarz auf Weiß: Der Bayerische Landtag genehmigte den Bau eines protestantischen Gotteshauses und gab entsprechende Mittel frei. Auf die Freude folgte jedoch schnell die Ernüchterung, denn nach dem Tod seines Vaters übernahm Ludwig I. (1786-1868) den Thron und verzögerte den Bau immer wieder.

Statt eine evangelische Kirche zu bauen, stand ihm der Sinn viel mehr nach der Rekatholisierung seines Königreiches, den Protestanten wollte er nur die ihnen via Verfassung zustehenden Rechte einräumen. „Als er merkte, dass eine weitere Verzögerung keinen Sinn mehr hatte, verlegte er den Standort vom vornehmen Odeonsplatz an den Karlsplatz und verweigerte zunächst eine Kostenbeteiligung", fasst die Wahlmünchnerin das Missbehagen Ludwigs I. gegenüber dem Bauprojekt zusammen. Auch nach der Grundsteinlegung am 28. Juli 1827 geriet die Unternehmung immer wieder ins Stocken, da ständig die erforderlichen Summen aufgetrieben werden mussten. Doch was lange währte, wurde endlich gut, und am 25. August 1833 – dem Namenstag Ludwigs I. – konnte die Protestantische Kirche München geweiht werden. Sie erhielt den Namen Matthäuskirche, und damit hatten die angeheirateten protestantischen Mitglieder des Königshauses auch eine eigene Hofkirche. Weder Ludwig I. noch seine Gemahlin Therese, die selbst evangelisch war, kamen zur Einweihung, aber die Königinwitwe Karoline gab sich die Ehre. Immerhin hatten beide Damen Ausstattungsgegenstände gespendet.

Sibylle Reinicke hat viel Freude an der Historie der Stadt München.

Bestattet wurde Karoline – die mit ihrer Heirat den Grundstein des Protestantismus in München gelegt hatte – später jedoch in der katholischen Theatinerkirche neben ihrem Gatten. Doch die Beisetzung gestaltete sich äußerst schwierig und sorgte im Nachgang für Proteste, weil ihr nicht die nötige Ehrerbietung entgegen, gebracht wurde: Der gesamte Klerus des Kollegiatstiftes erschien in weltlicher Kleidung! Angeordnet hat dies der Erzbischof Lothar Anselm von Gebsattel (1761-1846). Obendrein durfte der evangelische Geistliche Ludwig Friedrich Schmidt nicht das Innnere der Theatinerkirche betreten und musste die Beerdigungspredigt vor dem Gotteshaus halten.

Doch zurück zur Matthäuskirche: Unzählige Gottesdienste und Kirchenfeste wurden hier gefeiert, bevor das Gotteshaus gut 100 Jahre später zu mehr als nur einem Dorn im Auge der Nationalsozialisten wurde. „Vermutlich nicht die Kirche selbst, sondern eher der Landesbischof Hans Meiser", präzisiert Sibylle Reinicke. Denn der versuchte, die Gleichschaltung der Evangelisch-Lutherischen Kirche durch die Deutschen Christen in Bayern während der NS-Zeit zu verhindern. Verärgert über diesen unbequemen Geistlichen habe Reichskanzler Adolf Hitler (1889-1945) den Gauleiter Adolf Wagner (1890-1944) gedrängt, die Matthäuskirche abreißen zu lassen, was im Juni 1938 dann auch tatsächlich geschah. Offiziell wurde das Vorgehen damit begründet, dass die Kirche den Verkehrsfluss in der Sonnenstraße störe und man dringend Parkplätze benötige. Am 9. Juni wurde der Pfarrer der Matthäuskirche über den Abriss informiert, Meiser versuchte zu intervenieren, scheiterte aber. In seiner letzten Predigt im Gotteshaus fasste der Landesbischof die Ereignisse zusammen: „Ernstlich haben die Vertreter der Gemeinde dem Ansinnen widerstrebt, die angestammte Kirche zum Opfer zu bringen." Und zog ein bitteres Resümee: „Aber der Zwang der Verhältnisse hat noch so festes Wollen zunichte gemacht."

Der Turm der in den 50er-Jahren neu gebauten Kirche im Nussbaumpark.

Als die ersten Bauarbeiter anrücken, „will keiner gehen", schreibt Stephan Handel in der *Süddeutschen Zeitung*, „weil sich alle an den Händen halten und weinen. Dann fangen sie zu singen an „Eine feste Burg ist unser Gott".

Es hilft nichts: vier Wochen nach der Mitteilung über den Abriss waren bereits am 6. Juli 1938 die Abbrucharbeiten abgeschlossen. Die nun heimatlose Gemeinde wechselte von einem Provisorium ins nächste und forderte nach dem Ende des Zweiten Weltkriegs einen Wiederaufbau ihrer Kirche. Die Stadt München lehnte jedoch einen Neubau am ursprünglichen Standort ab und bot stattdessen in der Nähe einen anderen an. Wieder mussten die Kirchenmitglieder Geduld beweisen. Die Bauphase der neuen St. Matthäus Kirche an der Nußbaumstraße im Nussbaumpark begann 1953 und war 1955 abgeschlossen – rund 120 Jahre nach der Einweihung der ersten evangelischen Kirche in München.

„Es wurden immer mal wieder Pläne sowohl von der Gemeinde als auch seitens der Verwaltung entwickelt und – kaum erstellt – auch schon wieder verworfen."

Hier stand die Matthäuskirche:

Das Gotteshaus befand sich an der Sonnenstraße zwischen den Abzweigungen Schwanthalerstraße und Adolf-Kolping-Straße.

Die Lokomotivfabrik Krauss erstreckte sich entlang der heutigen Donnersbergerbrücke.

Lokomotivfabrik Krauss

Hightech im Arnulfpark

Hightech im Arnulfpark hat Tradition: Heute ist hier die Firma Google beheimatet, im 19. Jahrhundert revolutionierte ein gewisser Georg Krauß dort den Lokomotivenbau. „Das Gelände zwischen Donnersbergerbrücke und Google, damals hieß es Marsfeld, kaufte dieser Georg Krauß 1864 – allerdings zu einem aus seiner Sicht überhöhten Preis, weil es weit vor den Toren der Stadt München lag“, erklärt Piter Waterstradt von der Geschichtswerkstatt Neuhausen, der sich hervorragend mit der Geschichte des Lokomotivenbaus auskennt.

Das Gelände der ehemaligen Lokomotivfabrik wird heute vielseitig weitergenutzt.

Georg Krauß (1826-1906) arbeitete als Schlosser in der ersten Münchner Lokomotivfabrik des Joseph Anton von Maffei (1790-1870). Dann wechselte er in den Führerstand der dampfbetriebenen Kolosse und brachte sein Können und Wissen ab 1849 bei der Königlich Bayerischen Staatsbahn ein. Vom Lokomotivführer arbeitete er sich zum Obermaschinenmeister hoch und zeichnete nun dafür verantwortlich, dass alle Lokomotiven und Waggons einsatzfähig waren. Als er 1857 zur Schweizerischen Nordostbahn in Zürich wechselte, wo er fortan das Amt des Leitenden Maschinenmeisters bekleidete, war das die entscheidende Weichenstellung für sein zukünftiges Erwerbsleben: Hier baute er seine ersten vier Lokomotiven. Doch Krauß wollte mehr, träumte von einer eigenen Fabrik. Und: Er machte seine Träume wahr, beschaffte das nötige Kapital und gründete am 17. Juni 1866 seine eigene Firma. Der Bau der Fabrik auf dem Marsfeld folgte.

Georg Krauß hatte die von Maffei und anderen Konkurrenten konstruierten Lokomotiven genau studiert und war zu der Überzeugung gekommen, dass sich die Schienenfahrzeuge viel leichter und viel effizienter herstellen ließen, als bisher geschehen. „Das Konstruktionsprinzip für neue Lokomotiven von Krauß war so überzeugend, dass schon vor Grundsteinlegung der neuen Fabrik erste Aufträge vorlagen", sagt der lokomotivenbegeisterte Münchner.

Das erste Ziel war die Präsentation einer selbst gebauten Lokomotive auf der Weltausstellung in Paris im März 1867, zu der Konkurrent Maffei mit der 600. Lokomotive aus seinem Werk anreiste. Dazu schrieb Krauß an den Kommanditisten Bosch: „Heute hat Maffei seine 600. Lokomotive auf den Bahnhof geliefert, sie ist aber nicht besser gearbeitet als alle 599 vorausgehenden. Dies ist ein Konkurrent, den wir in kurzer Zeit über die Achsel ansehen können."

Rechtzeitig verließ die erste von Krauß – im Auftrag der Oldenburgischen Eisenbahn – gebaute Lokomotive die noch unfertigen Werkshallen. Benannt wurde die Lok nach einer Norddeutschen Landschaft an der Wesermündung und trug deshalb den schönen Namen „Landwührden". „In einer mehr als 20-stündigen Fahrt auf dem Führerstand erreichte Georg Krauß auf seiner Landwührden Straßburg und nach weiteren 40 Stunden Paris", berichtet Waterstradt.

Zwischen den Lokomotiven von Maffei und anderen Konkurrenten stellte sich die kleine Krauß'sche Maschine zunächst als recht unscheinbar und beinahe dürftig dar. „Unter den Sachverständigen erweckte sie aber höchste Aufmerksamkeit. Denn die neue Lok übertraf hinsichtlich des Verhältnisses zwischen Leistung und Dienstgewicht alle bis zu diesem Zeitpunkt gebauten Maschinen", hat Piter Waterstradt herausgefunden. Die Jury würdigte diesen innovativen Erfindergeist und prämierte die „Landwührden" mit der Großen goldenen Medaille. „Mit seiner ersten in München Neuhausen gebauten Lokomotive überflügelte Krauß auf Anhieb alle etablierten Hersteller", zollt Piter Waterstradt dem Konstrukteur Anerkennung. „Der Pariser Erfolg bedeutete den Durchbruch für sein Konstruktionssystem."
Georg Krauß' Unternehmergeist kannte keine Grenzen: Ganz nebenbei unterstützte er seinen Mitarbeiter Carl von Linde (1842-1934) beim Bau seiner ersten Kältemaschine, und obendrein baute er Bahnstrecken in Sachsen, Thüringen und dem Elsass aus. 15 Jahre nach der ersten wurde 1882 die 1.000 Lokomotive gebaut.

Georg Krauß wirtschaftete nicht nur in die eigene Tasche: Er ließ auch andere an seinem Erfolg teilhaben, indem er sich als Wohltäter verdient machte. Für den Bau des Deutschen Museums spendete er 100.000 Mark. Zusätzlich kaufte er 1900 seine erste Lokomotive, die Landwührden, von der Großherzoglich Oldenburgischen Staatseisenbahn zurück: Nach 860.000 Kilometern Laufleistung benötigte die alte Dame zunächst eine umfangreiche Restaurierung, bevor Krauß sie dem von ihm unterstützten Deutschen Museum stiftete, das Meisterwerke der Naturwissenschaft und der Technik zeigt. Die Fertigstellung des Museumsneubaus, der am 7. Mai 1925 seine Pforten öffnete, erlebte Krauß allerdings nicht mehr, er verstarb am 5. November 1906. Seinen Posten im Aufsichtsrat übernahm der Erfinder des Kühlschranks, Carl von Linde – ein Freund und einer seiner ersten Mitarbeiter – und führte den Erfolg fort. Den Ersten Weltkrieg, die Revolution in Bayern, die Inflation von 1923 und die Weltwirtschaftskrise 1929 überstand die Lokomotivfabrik Krauss dank geschicktem Management. Nach der Fusion mit Maffei zur Firma Krauss-Maffei im Jahr 1930 wurde der Standort in München-Neuhausen aufgegeben und die komplette Produktion nach München-Allach verlagert. Bei der Chiemseebahn in Prien, zwischen Bahnhof und Hafen, ist heute noch eine Lokomotive der Produktion Krauss aus dem Jahre 1882 im Einsatz.

Irgendwie passend, dass dort, wo sich einst die Lokomotivfabrik befand und so viel Erfindergeist den Ort prägte, heute die Firma Google beheimatet ist, die dafür sorgt, dass die Erfindungen unserer Zeit über das Internet schnell gefunden werden. Und wenn man bei Google nach ihr sucht, wird man auch zur Lokomotivfabrik Krauß fündig.

Probieren Sie es doch einfach mal aus!

Hier stand die Lokomotivfabrik:

Sie befand sich zwischen Donnersbergerbrücke und Helmholtzstraße sowie zwischen der S-Bahn Stammstrecke und der Arnulfstraße. Heute ist dort auch die Deutschland-Zentrale der Firma Google beheimatet.

Das Kaufhaus Uhlfelder nach der Plünderung im Jahr 1938.

Kaufhaus Uhlfelder

Randale und Plünderung

Die ersten Rolltreppen Münchens, ein Streichelzoo, ein breites Sortiment und verlockende Sonderangebote: Mit viel Enthusiasmus und dem Willen zum Erfolg gründete Heinrich Uhlfelder (1853-1928) im Jahr 1878 in der Nähe des Viktualienmarkts das Handelsgeschäft Uhlfelder. Die Münchner konnten dort zu günstigen Preisen Haushalts- und Galanteriewaren käuflich erwerben.

Der erst 25-jährige Uhlfelder arbeitete hart, und der Erfolg gab ihm Recht: Schon bald konnte er sein Warenhaus im Rosental 9 erwei-

Heute erstreckt sich hier anstelle des Kaufhauses Uhlfelder das Stadtmuseum München.

tern. „Seine größte Ausdehnung erfuhr es nach dem Ersten Weltkrieg, vor allem in den zwanziger Jahren", schreibt Julia Schmideder in ihrem Aufsatz *Das Kaufhaus Uhlfelder*, und „[b]ei der Bevölkerung genoss Heinrich Uhlfelder auch wegen seines sozialen Engagements hohes Ansehen." So richtete er zu Beginn des Ersten Weltkriegs eine Kriegsküche ein und spendete großzügig an ein Kinderheim. Honoriert wurden seine gemeinnützigen Bemühungen 1924 mit dem Titel des Kommerzienrats. Im Jahr 1928 – als nach dem Tod des Warenhausgründers dessen Sohn Max Uhlfelder (1884-1958) die Leitung des Geschäfts übernahm – arbeiteten auf einer Verkaufsfläche von 7.000 Quadratmetern bereits 550 Angestellte. Grundlage des Erfolgs war das große Warenangebot, das von Herrenbekleidung über Küchenartikel bis hin zu Lebensmitteln reichte. „Zur Zielgruppe des Kaufhauses Uhlfelder gehörten vorwiegend Menschen der niedrigeren Einkommensschichten, während das Warenhaus Tietz eher Kunden aus dem modernen Mittelstand anzog", ordnet Julia Schmideder den Käuferkreis ein.

Auch dem Sohn des Kaufhausgründers gelang es immer wieder, mit neuen Attraktionen sowohl die Münchner als auch Käufer aus dem Umland in sein Warenhaus zu ziehen: Zum Beispiel 1931, als er Münchens erste Rolltreppe über die drei Stockwerke des Kaufhauses, das sich mittlerweile über das Rosental 9, 12, 13, 14, 16 sowie über die Nieserstraße 1 und 2 erstreckte, einbauen ließ. Außerdem gab es einen Streichelzoo, was dazu führte, dass Kinder ihre Eltern ins Kaufhaus lockten, und ein Restaurant.

Doch der wirtschaftliche Erfolg Uhlfelders hatte auch Schattenseiten: Er rief Neider auf den Plan, zumal seine jüdische Herkunft auf die sich verstärkende antisemitische Einstellung nationalistischer Kreise stieß. „Die Angriffe auf das Kaufhaus äußerten sich zunächst in Form von Beschwerdeschreiben an die Industrie- und Handelskammer (IHK), in denen der Wahrheitsgehalt von Werbeanzeigen und die Rechtmäßigkeit von Sonderverkaufsaktionen angezweifelt wurden", schreibt Julia Schmideder über die Anfänge der Anfeindungen. „Mit der Machtübernahme der Nationalsozialisten kam es zunehmend zu Terrormaßnahmen und Boykottaktionen, die sich sowohl gegen das Kaufhaus als auch gegen dessen Eigentümer Max Uhlfelder richteten." Am 9. März 1933 wurden die Schaufenster des Warenhauses eingeschlagen. Uhlfelder – der selbst in sogenannte „Schutzhaft" genommen, also verhaftet wurde –, bat daraufhin seinen Anwalt Dr. Michael Siegel (1882-1979), Anzeige zu erstatten. Als dieser am nächsten Tag das Anliegen seines Mandanten auf der Hauptwache vorbringen wollte, wurde er von der SS – die zwischenzeitlich zur Hilfspolizei ernannt worden war – in den Keller gebracht und gefoltert. Siegel verlor durch die Misshandlungen mehrere Zähne und zog sich einen Riss des Trommelfells zu. Mit zerschnittenen Hosenbeinen und barfuß trieb ihn die SS mit einem Schild um den Hals durch die Innenstadt. Aufschrift: „Ich werde mich nie wieder bei der Polizei beschweren." Am 13. März wurde Max Uhlfelder aus der Schutzhaft entlassen.

Fünfeinhalb Jahre später kam die Reichspogromnacht. Wieder befand sich das Kaufhaus Uhlfelder im Visier der Nazis: „In München sind sämtliche offenen Geschäfte demoliert und ausgeplündert worden, so vor allen noch bestehende Juweliergeschäfte. Das Kaufhaus Uhlfelder wurde gestürmt, alles kaputt gemacht und angezündet. Da aber Gefahr bestand, dass in den angrenzenden Häusern etwa 35 arische Familien hätten ums Leben kommen können, wurde wieder gelöscht", ist in einem Report vom 22. November 1938 über die Reichspogromnacht zu lesen.

Max Uhlfelder bekam von all dem nichts mit: Er war bereits ins KZ Dachau deportiert worden. Während es ihm 1939 gelang, über die Schweiz nach Indien zu fliehen, wurde seine Schwester mit ihrem Ehemann und dem gemeinsamen Sohn 1941 vom Judenlager Milbertshofen ins Ghetto Kowno in Litauen verbracht und dort nach der Ankunft ermordet.

Das Kaufhaus Uhlfelder wurde nicht, wie zunächst angedacht, arisiert, sondern direkt liquidiert. „Nutznießer dieser Entscheidung war vor allem der Münchner Einzelhandel. Durch die Liquidierung des Kaufhauses waren sie nicht nur einen lästigen und übermächtigen Konkurrenten losgeworden, sondern konnten sich auch zu Schleuderpreisen des Warenlagers und des Inventars bedienen", schreibt Julia Schmideder. Die Grundstücke gingen 1942 an die Löwenbräu AG – als Entschädigung für den Bürgerbräukeller, der zwangsenteignet worden war. Das Kaufhausgebäude wurde während des Zweiten Weltkriegs durch die Bombenangriffe auf München restlos zerstört.

Max Uhlfelder hatte den Krieg überlebt und erkämpfte sich in über 100 Wiedergutmachungsverfahren seinen Besitz zurück – zunächst mit dem Ansinnen, das Kaufhaus Uhlfelder wiederaufzubauen. 1954 verkaufte er jedoch die Grundstücke, auf denen das Kaufhaus gestanden hatte, an die Stadt München, die dann dort den Erweiterungsbau des Stadtmuseums errichtete.
An das ehemalige Kaufhaus Uhlfelder erinnert heute eine dort angebrachte Gedenktafel.

Hier stand das Kaufhaus Uhlfelder:

Das Kaufhaus erstreckte sich über das Rosental 9, 12, 13, 14, 16 sowie die Nieserstraße 1 und 2. Heute steht dort der Erweiterungsbau des Münchner Stadtmuseums.

Auf dem Gemälde von Heinrich Schönfeld ist der Falkenturm zu erkennen.

Falkenturm

VIPs hinter Gittern

Der aufsteigende Falke, der sich in die Lüfte erhebt, war in der mittelhochdeutschen höfischen Lyrik das Sinnbild für den „hôhen muot", das tragende Lebensgefühl des Rittertums bei Hofe. „Auch ansonsten war die Falknerei, auch Beizjagd genannt, beim Adel äußerst beliebt", berichtet die geschichtsinteressierte Münchnerin Veronika Hofstätter. Im Hochmittelalter galt die Beizjagd als Privileg und fungierte als ein Statussymbol für den Adel. Besonders der in Sizilien geborene Kaiser Friedrich II. (1194-1250), Sohn der Königin Konstanze von Sizilien

Heute ist vom Falkenturm weit und breit nichts mehr zu sehen.

(1154-1197) und des römisch-deutschen Kaisers Heinrich VI. (1165-1197)aus der Dynastie der Staufer, frönte der Falkenjagd, informierte sich im arabischen Raum über die dortigen Gepflogenheiten, führte daraufhin die in Europa vollkommen unbekannte Falkenhaube ein und verfasste sogar ein Buch über die Falkenjagd: *De Arte venandi cum avibus* – die Kunst mit Vögeln zu jagen. „Das war das erste seiner Art in Europa", sagt die Volkskundlerin und ergänzt: „Für Kaiser Friedrich war der ideale Falkner der ideale Herrscher, denn man benötigte seiner Meinung nach Willensstärke und Fürsorge, und das sah er als bestmögliche Vorübung an, um Menschen führen zu können."

„Für Kaiser Friedrich war der ideale Falkner der ideale Herrscher, denn man benötigte seiner Meinung nach Willensstärke und Fürsorge, und das sah er als bestmögliche Vorübung an, um Menschen führen zu können."

Doch es waren viel pragmatischere Gründe, die dem in der Nähe der Maximilianstraße gelegenen Falkenturm seinen Namen gaben. „Genutzt wurde der Turm als Lagerfläche für all die Sachen, die man zum Abrichten und Pflegen der Greifvögel sowie zur eigentlichen Falkenjagd benötigte", erklärt die Münchnerin.

Das hoch aufragende Gebäude wurde zum ersten Mal 1470 als „Valckner turn" urkundlich erwähnt. Herzog Siegmund (1439-1501) aus der Wittelsbacher-Linie Bayern-München überließ 1467 nicht nur die Herrschaft über Bayern seinem jüngeren Bruder Albrecht IV. (1447-1508), sondern eben auch jenen Turm. „Dieser nutzte ihn aber schon nicht mehr zur Unterbringung der Arbeitsmaterialien der Falkner, sondern ab 1500 als herzogliches Gefängnis", berichtet die Gästeführerin der Stadtspürer. Und wer hier eingebuchtet wurde, konnte was auf sich halten: „Diese schwedischen Gardinen waren den Mitgliedern der höheren Stände vorbehalten", sagt die Volkskundlerin.

Ein unbekannter Maler schuf 1864 dieses Gemälde vom Falkenturm.

In der *Chronik der Stadt München* berichtet der einstige Stadtarchivar Dr. Helmuth Stahleder über den 27. Juni 1564: „In Anwesenheit des Herzogs beginnen vor einem außerordentlichen Gerichtshof in München die Verhöre von bayerischen Adeligen wegen Religionsabweichung und Verschwörung. Drei von ihnen – Pankraz von Freyberg, Achaz von Laiming und Joseph Fröschl von Marzoll – kommen danach in den Falkenturm. Erstere beide werden bis Mitte August entlassen." Pankraz von Freyberg verlor seinen Sitz im Landtag und wurde auf seine Güter verbannt. Doch gut 140 Jahre später endete für den in Tölz geborenen Johann Jäger (1667-1706), der seit 1691 Bürger der Stadt München und Besitzer einer Weinwirtschaft sowie seit 1700 Mitglied des Äußeren Rates war, die Haftzeit im Falkenturm auf denkbar grausame Weise. Jäger, einer der Anführer der Bayerischen Volkserhebung gegen die kaiserliche Besatzung, wurde am 17. März 1706 „auf dem Marktplatz enthauptet, danach gevierteilt und die vier Teile unter den Haupttoren aufgehängt, der Kopf am Isartor aufgesteckt," wie die *Chronik der Stadt München* berichtet.

„Bis 1826 wurde der Falkenturm noch als Gefängnis genutzt. Mit dem Bau der Angerfronfeste hatte er dann ausgedient."

„Bis 1826 wurde der Falkenturm noch als Gefängnis genutzt", erzählt Veronika Hofstätter die Geschichte weiter. „Mit dem Bau der Angerfronfeste hatte er dann ausgedient."

Der Abriss des Turms erfolgte 1863, als die Maximilianstraße angelegt wurde. Und auch der Falke verlor im 19. Jahrhundert seine Bedeutung: Gejagt wurde künftig mit der Flinte.

Hier stand der Falkenturm:

Er befand sich der Nähe der Maximilianstraße auf Höhe des Nationaltheaters.

Der Flughafen München Riem war bis zum 17. Mai 1992 in Betrieb.

Flughafen München-Riem

Rückenwind ist nicht immer positiv

Es glich einer Nacht-und-Nebel-Aktion, als sich der Konvoi aus 1.600 Lastern am 17.Mai 1992 auf den Weg Richtung Erdinger Moos machte. Akribische Planung und motivierte Mitarbeiter sorgten dafür, dass die Betriebsverlegung des Flughafens Riem, von der Presse als „größter Umzug seit der Völkerwanderung" bezeichnet, reibungslos vonstattenging. Ziel war der neugebaute Flughafen München „Franz Josef Strauß".

Architekt Ernst Sagebiel (1892-1970) begann bereits 1936 mit den Planungen für den Flughafen südlich von Riem. Der Spatenstich

Die alte Abfertigungshalle, die heute als Event-Location genutzt wird, steht mittlerweile unter Denkmalschutz.

erfolgte 1937, und die feierliche Eröffnung war auf den 1. September 1939 geplant. Da aber Adolf Hitler (1889-1945) für ebenjenen Tag den Überfall auf Polen befahl und die Welt damit in den Zweiten Weltkrieg stürzte, verzögerte sich die Aufnahme des Flugbetriebs. Erst am 25. Oktober desselben Jahres hob eine Junkers Ju 52/3m der Lufthansa mit Ziel Berlin vom Flughafen Riem ab.
München-Riem wurde aber auch als Flugplatz der Luftwaffe genutzt und war somit immer wieder Ziel alliierter Bombenangriffe. Die zivile Luftfahrt wurde dennoch durch die Fluggesellschaften Lufthansa und Swissair bis zum 9. April 1945 aufrechterhalten. Kurz vor Kriegsende war es mit den zivilen Flügen von München-Riem aus aber endgültig vorbei: Die Flughafenanlagen waren durch die Bombenangriffe fast vollständig zerstört worden.

Um nach dem Ende des Zweiten Weltkriegs wieder zivile Luftfahrt zu ermöglichen, wurde am 9. März 1948 eine entsprechende Vereinbarung zwischen dem Office of Military Government for Germany und dem Freistaat Bayern getroffen. Bereits knapp einen Monat später landete eine aus London kommende Maschine der Pan American World Airways (Pan Am). Nach der Pan Am nahm dann die niederländische KLM Royal Dutch Airlines den Flugbetrieb wieder auf, sie steuerte neben Stuttgart auch Amsterdam an.

Die Stadt München und der Freistaat Bayern gründeten am 12. Oktober 1949 als gleichberechtigte Anteilseigner die „Flughafenbetriebsgesellschaft Flughafen München-Riem GmbH". Im selben Jahr wurden auch die Start- und Landebahnen erweitert. Mit einem Passagierflugzeug vom Typ Lockheed Constellation hob die KLM 1951 von München-Riem zum ersten Linienflug nach New York City ab.

Bereits 1962 wurden über eine Million Flugpassagiere in München-Riem abgefertigt. So schön die Zahl auf den ersten Blick erscheinen mag, brachte sie doch auch ein großes Problem mit sich: Durch die stetig steigenden Passagierzahlen war klar, dass die Start- und Landebahnen noch stärker erweitert werden müssen. Da dies aber eine Umsiedlung der Gemeinden im Umfeld zur Folge gehabt hätte, musste ein alternativer Standort her. Neben den Platzproblemen führten auch diverse Unfälle dazu, dass die Betreibergesellschaft einen Flughafen außerhalb des Stadtgebiets bevorzugte. Zu schwer wogen die Folgen des Flugzeugunglücks vom 17. Dezember 1960, als eine von München-Riem gestartete Maschine der US Air Force den Hauptturm der St. Paulskirche in der Nähe der Theresienwiese streifte. Die außer Kontrolle geratene Maschine stürzte anschließend wenige Hundert Meter entfernt in der Martin-Greif-Straße auf eine vollbesetzte Straßenbahn. Sowohl alle 20 Flugzeuginsassen als auch weitere 32 Personen am Boden verloren an diesem Dezembertag ihr Leben.

Die Suche nach einem alternativen Standort war lang, die Wahl fiel schließlich auf das Erdinger Moos. Im Jahr 1980 begannen – nach jahrelangen Rechtsstreitigkeiten mit den umliegenden Gemeinden – die Bauarbeiten, die dann aber wegen erneuter Klagen für mehrere Jahre gestoppt werden mussten. Doch dann war es schließlich und endlich so weit: Am 17. Mai 1992 startete der Lufthansa-Pilot Michael Sikora um 22:55 Uhr – und dieser Start hatte eine besondere Bedeutung. Funkte Sikora doch an den Tower: „Bye-bye, es war schön mit Euch in Riem." Damit hob das letzte Mal eine Maschine von München-

Riem ab. „Eine Dreiviertelstunde später, nach 52 Jahren und acht Monaten, erlischt die Anflugbefeuerung auf der Landebahn“, schreibt Sebastian Dorn rückblickend im *Merkur*.

Dennoch herrschte nun auf den Landebahnen äußerste Betriebsamkeit, 80 Speditionen packten in fünf Stunden Gepäckwagen, Fluggasttreppen und Schlepper zusammen. Denn das alles musste bereits am nächsten Morgen am neuen Flughafen am Erdinger Moos wieder an Ort und Stelle sein, damit dort der Flugbetrieb reibungslos starten konnte. Auch das Münchner Baureferat hatte in dieser Nacht gut zu tun: Sämtliche Verkehrsschilder, die den Weg zum neuen „Flughafen München Franz Josef Strauß“ wiesen, mussten bis zum Morgengrauen enthüllt werden.

Die Lufthansamaschine „Stadt München“ hob pünktlich zur Abflugpremiere um 5:55 Uhr mit 218 geladenen Gästen vom neuen Flughafen ab. Soweit alles nach Plan. Alles? Nein, denn gar nicht wunschgemäß verlief die erste Landung! Ursprünglich sollten die beiden Lufthansamaschinen „Erding“ und „Freising“ um 4:55 Uhr parallel auf den Startbahnen landen. „Aber eine Aero-Lloyd-Maschine aus Izmir, angekündigt für 5:05 Uhr, hat auf ihrem Flug so viel Zeit hereingeholt, dass sie aus Versehen als Erstes in München ankommt“, schreibt Sebastian Dorn. „Der Pilot kann es gar nicht fassen, als ihn 1200 Journalisten umringen und er gefeiert wird wie ein Star.“ So durchkreuzte der Rückenwind den Machern des größten Umzugs der europäischen Fluggeschichte auf den letzten Metern ihre Pläne.

Bevor das ehemalige Flughafengelände ab 1996 zur Messestadt Riem umgestaltet wurde, fanden dort noch legendäre Konzerte statt. Die Hallen wurden zudem für Raves und Techno-Veranstaltungen genutzt: Statt dem Dröhnen der Flugzeugmotoren hämmerten hier nun die Bässe in den Äther.

Hier befand sich der Flughafen München-Riem:

Das Flughafengelände war Teil des Stadtbezirks 15 Trudering-Riem, es erstreckte sich auf dem Gebiet der heutigen Messestadt Riem.

Neben den Türmen der Frauenkirche kann man die alte Hauptsynagoge auf der Abbildung aus dem Jahr 1889 gut erkennen.

Alte Hauptsynagoge

Nach dem Aufschwung folgte der Abriss

Auch wenn die jüdische Gemeinde in München lange warten musste und viele Steine aus dem Weg zu räumen waren: das Ergebnis konnte sich sehen lassen. Denn als sie dann 1887 endlich stand, war die Hauptsynagoge eine ebenso mächtige wie prächtige Erscheinung geworden, und auch der Standort nahe des Karlstors in der Herzog-Max-Straße hätte besser nicht sein können. „Der Wunsch nach einem repräsentativen Ort zur Ausübung des jüdischen Glaubens war schon lange laut geworden", erzählt Liane Reithofer.

Die Türme der Frauenkirche sind auch heute noch gut vom Lenbachplatz aus zu sehen. Wo einst die Synagoge stand, erstreckt sich heute ein Geschäftshaus.

Denn der Platz wurde dringend benötigt. Nachdem der Landtag den bayerischen Juden 1861 die Niederlassung und Gewerbefreiheit gewährt hatte, war die Zahl der Neumitglieder in der jüdischen Gemeinde kräftig nach oben geschnellt. Die Synagoge, die 1826 in der Westenriederstraße eingeweiht worden war, reichte nicht mehr aus. „Deshalb bemühte sich die jüdische Gemeinde nun um eine neue und größere Synagoge", fährt Liane Reithofer in ihrer Darstellung fort. Als sich 1870 ein Neubau am Wittelsbacherplatz anbot, griff die jüdische Gemeinde zu und kaufte das Grundstück. „Doch obwohl bereits mehrere Baupläne existierten, machte ihnen die Verweigerung der baupolizeilichen Genehmigung einen Strich durch die Rechnung", so die Gästeführerin. Ein Plan B musste her: Man favorisierte nun den Ausbau der bestehenden Synagoge. Aber diese Überlegung wurde schnell wieder verworfen: Das Gelände eignete sich nicht für eine Erweiterung, die Kosten hätten die finanziellen Möglichkeiten der Gemeinde überstiegen, sie wären höher gewesen als bei einem Neubau.

Nun war guter Rat teuer – bis König Ludwig II. (1845-1886) die Suche nach einem geeigneten Standort beendete, indem er anordnete, ein Baugrundstück an der Herzog-Max-Straße zur Verfügung zu stellen. Die jüdische Gemeinde ging auf das Angebot ein und übernahm den ihr zugewiesenen Platz für 348.000 Mark. „1883 fand dann die Grundsteinlegung statt", berichtet die Münchnerin.

Die Pläne für die neuromanische Synagoge stammen aus der Feder von Albert Schmidt (1841-1913). Der 50 Meter lange und 30 Meter breite Monumentalbau wurde vier Jahre nach der Grundsteinlegung, am 16. September 1887, eingeweiht. Er bot Sitzplätze für 1.000 Männer und 800 Frauen.

Der Gedenkstein hält in der Herzog-Max-Straße die Erinnerung an die Alte Hauptsynagoge im Bewusstsein.

Ein halbes Jahrhundert später hatte sich die politische Stimmung in Deutschland verändert: Der verlorene Krieg und die Inflation hatten die Menschen verbittert, Schuldige wurden gesucht – und wieder einmal waren es die Juden, die, diesmal der kruden Ideologie der Nationalsozialisten zufolge, für alle Probleme verantwortlich sein sollten. Wie überall in Deutschland wurden nun auch in München die jüdischen Bürger zwangsenteignet. Das traf nicht zuletzt die jüdische Gemeinde, die mitgeteilt bekam, dass sie für 100.000 Reichsmark sowohl die Synagoge als auch das zugehörige Grundstück zu verkaufen hätte. Begründet wurde dieses rüde Vorgehen – fünf Monate vor der Reichspogromnacht am 8. November 1938 – mit dem Bedarf eines neuen Parkplatzes.

Und dann ging es auch schon Schlag auf Schlag: Am 8. Juni wurde die Verfügung für den Abriss erlassen, am Folgetag rückte bereits das Abrissunternehmen an. Auch zwei Nachbarhäusern wäre es beinah an den Kragen gegangen: „Verkauft werden musste nicht nur die Synagoge, sondern auch zwei weitere Häuser, die der Gemeinde gehörten", erzählt die Gästeführerin. Zunächst waren sie ebenfalls zum Abriss vorgesehen gewesen, doch dann zog der staatlich geförderte Verein Lebensborn e.V. ein. Was an Zynismus nicht zu überbieten ist: Das Projekt hatte zum Ziel, die Anzahl „arischer" Kinder zu erhöhen. Unter anderem sollten unverheiratete Frauen und Mädchen durch anonyme Entbindung und anschließende Adoption der Neugeborenen von Familien der SS-Angehörigen von einem Schwangerschaftsabbruch abgehalten werden.

Die Synagoge, für die die jüdische Gemeinde so gekämpft hatte, war nun also Geschichte. An sie erinnert heute ein Gedenkstein an der Ecke Herzog-Max-Straße und Maxburgstraße beim Künstlerhaus. „Dass wir wieder eine Hauptsynagoge haben, ist vor allem der Hartnäckigkeit von Dr. Charlotte Knobloch zu verdanken", sagt Liane Reithofer. Doch wie schon im 19. Jahrhundert, sollten auch jetzt wieder viele Jahre bis zur Fertigstellung vergehen: Bereits 1986 führte die engagierte Präsidentin der Israelitischen Kultusgemeinde München und Oberbayern erste Gespräche mit den Behörden. Ihr Plan war, den Grundstein für den Neubau der Hauptsynagoge 50 Jahre nach der Reichspogromnacht am 9. November 1988 zu legen. Doch dieses Jubiläum verstrich, und es sollte nochmals 15 Jahre dauern, bis der festliche Akt der Einweihung für die Synagoge Ohel Jakob am Sankt-Jakobs-Platz 18 vollzogen werden konnte. Bewegt haben an diesem Tag auch die Worte Charlotte Knoblochs, die später Präsidentin des Zentralrats der Juden in Deutschland werden sollte: „Seit jenem 9. November 1938 ist ein Teil von mir, ein Teil meiner Koffer immer noch auf der Flucht. Am Abend des heutigen Tages jedoch, des 9. November 2003, werde ich diese Koffer öffnen und damit beginnen, langsam Stück für Stück, jedes einzelne Teil an seinen Platz zu räumen, den ich dafür die letzten 65 Jahre freigehalten habe. Denn heute, nach genau 65 Jahren, bin auch ich ganz wieder in meiner Heimat angekommen."

Hier stand die Alte Hauptsynagoge:

Sie befand sich an der Ecke Herzog-Max-Straße und Maxburgstraße.

Auf dieser Postkarte ist der Wintergarten oben links zu erkennen.

Ludwigs Wintergarten

Wie der Vater, so der Sohn

Einen wahren Sehnsuchtsort ließ sich König Ludwig II. (1845-1886) hoch oben auf der Residenz errichten. „Inspiriert von der zeitgenössischen Theaterliteratur und den *Märchenerzählungen von 1001 Nach*t schuf er mithilfe modernster Technik seiner Zeit eine Erlebniswelt", beschreibt Martin Schmitt-Bredow dieses Faszinosum.

König Ludwig II. war aber nicht der Erste, der auf die Idee kam, die Dachfläche der Residenz für einen Wintergarten zu nutzen, denn sein Vater Maximilian II. Joseph (1811-1864) hatte bereits 1851 einen sol-

Von dem einstigen Sehnsuchtsort König Ludwigs II. auf der Residenz ist nichts mehr zu sehen.

chen im Süden errichtet. „Doch zum einen war Ludwig dieser Wintergarten seines Vaters zu weit entfernt von seiner Wohnung im Obergeschoss des Nordwestpavillons, zum anderen wünschte sich der Thronfolger vermutlich auch einen maximalen Abstand zu seiner Herkunftsfamilie", erklärt der Gästeführer die Motivation des Märchenkönigs, einen zweiten Wintergarten zu bauen. Für seine Verhältnisse eher bescheiden, ordnete er im Mai 1867 zunächst den Bau eines gerade mal 30 Quadratmeter großen Dachpavillons an. Als Ludwig dann allerdings zwei Monate später die Weltausstellung in Paris besuchte, schienen ihm seine bisherigen Ausführungen im Vergleich zu all der Pracht, die es dort zu sehen gab, geradezu ärmlich. Groß – größer – am größten sollte der Wintergarten werden!

Nach seiner Rückkehr verlangte Seine Hoheit nach neuen Plänen, die auch sogleich unter Mitwirkung von August von Voit (1801-1870) erstellt und von Hofbaudirektor Eduard Riedel (1813-1885) umgesetzt wurden. „Am Ende erstreckte sich der neue Wintergarten über eine

Fläche von 80 mal 17 Metern – die volle Länge und Breite des Festsaaltraktes, insgesamt über 1300 Quadratmeter", beschreibt Evi Reichender in ihrem Aufsatz *Wintergarten* das freitragende Glasgewölbe. Weiter heißt es: „Um nun dem schlauchartigen Charakter entgegenzuwirken, musste ein 13 Meter tiefer Querflügel ergänzt werden, für den man im Kaiserhof, einem Innenhof der Residenz, einen Unterbau ansetzte."

Betreten werden konnte der Wintergarten nur über Ludwigs Königsappartement. Der Weg führte durch einen Laubengang, der sich dann zu einer Landschaft weitete, in deren Mitte sich ein See samt Brücke, lebenden Schwänen und einem Boot befand. Hatte die Federführung für den Bau bei Eduard Riedel gelegen, so zeichnete Hofgartendirektor Carl von Effner (1831-1884) für die Ausstattung verantwortlich. Zu Teich, Schwan und Boot gesellte sich eine üppige Dekoration exotischer Pflanzen: Bananenstauden, Dattel- und Yuccapalmen, Bambus, Lianen, bunte Orchideen, Agaven und Kakteen. Am Ufer des Sees „standen dekorativ verschiedene begehbare Staffagebauten hinter den Palmen und Tropengewächsen: eine ‚indianische Hütte', ein Prunkzelt, ein maurischer Kiosk", beschreibt Christian Quaeitzsch in seinem Aufsatz *Träumen und Schwitzen unter Glas: Der Wintergarten Ludwigs II.* weitere Bestandteile der Innenausstattung. Eine Grotte samt Wasserfall und künstlichem Mondlicht komplettierten die Pracht. „Um den Garten noch größer wirken zu lassen, gab es am Ende eine gemalte Ansicht des Himalayas auf einem Theaterprospekt, der sich auch noch beleuchten ließ", sagt Schmitt-Bredow. „Und der Schwan war nicht das einzige Tier im Wintergarten: Im See lebten auch noch Goldfische." Pfauen und Papageien hatten in dem Glaspalast ebenfalls ein neues Zuhause gefunden, mindestens ein Vogel konnte wohl täuschend echt das Lachen beziehungsweise die Stimme des Königs imitieren. „Zwar wünschte sich Ludwig noch einen Elefanten und Gazellen, doch er ließ sich von seinen Hofbeamten überzeugen, dass dies wohl den Rahmen sprengen würde",

„Inspiriert von der zeitgenössischen Theaterliteratur und den Märchenerzählungen von 1001 Nacht schuf er mithilfe modernster Technik seiner Zeit eine Erlebniswelt."

erzählt der Münchner mit einem Schmunzeln.

Ludwig gewährte neben dem Personal nur bestimmten Verwandten und Freunden Zutritt zu seinem Garten auf der Residenz. Neugierige Münchner hatten jedoch nächtens die allererste elektrische Beleuchtung Münchens oben auf dem Residenzdach erspäht – schließlich war Ludwig Nachtmensch. „Einige verkleideten sich als Diener oder zahlten Bestechungsgelder, um einen Blick in diesen geheimnisvollen Rückzugsort des Königs werfen zu können", sagt Martin Schmitt-Bredow. Hingegen gehörten zu dem erlauchten Kreis der *geladenen* Gäste die Kinder der Kaiserin Elisabeth von Österreich (1837-1898). Für ihren Sohn Kronprinz Rudolf (1858-1889) richtete Ludwig im März 1880 ein Fest mit sechzehn Musikern aus. Seinen Cousin Prinz Ludwig Ferdinand (1859-1949) – einer seiner engsten Vertrauten – lud er samt seiner Gattin Maria de la Paz (1862-1946), der Infantin von Spanien, zu einem Souper in den Wintergarten ein. Dessen Schönheit und Exklusivität beschrieb Maria de la Paz in einem sehr langen Brief an ihren Bruder. Besonders beeindruckt war sie von dem künstlich projizierten Regenbogen, den Ludwig von den in Sachen Optik und Teleskopen führenden Münchner Ingenieuren hatte installieren lassen. Außerdem pflückte die Monarchin an jenem Abend im königlichen Wintergarten eine Blüte, die sie trocknete und bis an ihr Lebensende aufbewahrte.

Ferdinand von Piloty porträtierte 1865 den 20-jährigen Ludwig II. im Krönungsmantel.

Zu seiner Unterhaltung ließ sich Ludwig dann und wann auch mal Sänger oder Schauspieler der Hofbühne kommen. So auch die Schauspielerinnen Lila von Bulyovsky (1833-1909) und Josephine Schefzky (1843-1912), eine Wagner-Sängerin. „Die Damen waren wohl sehr angetan von dem König", erzählt Martin Schmitt-Bredow. Und die wollten gern mehr, als „nur“ vor ihm aufzutreten: Josephine Schefzky ersann eine List, um sich Ludwig zu nähern. Vermutlich absichtlich ließ sie sich in den künstlichen See fallen. Jedoch geruhte Seine Königliche Hoheit nicht, ihr zu Hilfe zu eilen, sondern läutete ungerührt nach dem Diener, der eine tropfnasse Josephine Schefzky wieder ans Ufer zog.

Auch zwei Schwäne wohnten im Wintergarten.

Der Wintergarten war kostenintensiv. Nicht nur, was seinen Bau, sondern auch, was den Unterhalt betrifft: Für seinen Betrieb war eine Dampfmaschine notwendig, die dafür sorgte, dass immer ausreichend frisches Wasser nach oben gepumpt wurde. Außerdem musste die Tropenlandschaft mittels Kanalheizung auf die richtige Temperatur für die exotischen Pflanzen und Tiere gebracht werden, was einen enormen Brennholzverbrauch nach sich zog. Das war jedoch nicht das einzige Problem: Immer wieder verursachte der See Feuchtigkeitsschäden an der Residenz, die teilweise heute noch an der Fassade zum Hofgarten zu sehen sind. Und so wurde bereits 17 Tage nach Ludwigs Tod beschlossen, dass am 30. Juni 1886 der See abgelassen und der Garten über der Residenz weitgehend geräumt werden solle.

Zehn Jahre später wurde die Eisen-Glas-Konstruktion abgebaut. Auf dem Gelände der Firma Cramer, Klett & Comp. beziehungsweise deren Nachfolger MAN, wurde sie als Lehrlingswerkstatt wieder errichtet. Die Firma hatte den Wintergarten seinerzeit auch auf die Residenz gesetzt.

Der Bombenhagel des Zweiten Weltkriegs zerstörte den einstigen königlichen Wintergarten endgültig. Nach dem Krieg wurde schließlich auch der Unterbau, der dem Wintergarten als Stütze gedient hatte, bei Aufräumarbeiten entfernt. Märchengleich blieb von Ludwigs wahrgewordenem Traum neben ein paar kleinen Eisenteilen der Konstruktion, die im Museum Herrenchiemsee aufbewahrt werden, nur noch eine kleine, von einer Prinzessin gepflückte und getrocknete Blüte.

„Und der Schwan war nicht das einzige Tier im Wintergarten: Im See lebten auch noch Goldfische."

Hier befand sich Ludwigs Wintergarten:

Der Wintergarten erhob sich auf der nördlichen Seite der Residenz über dem Festsaalbau.

Die imposante Fassade des Palais Pringsheim vor dem Abriss durch die Nationalsozialisten.

Palais Pringsheim

Hier wohnte Thomas Manns Schwiegervater

Vor der Nummer 10 in der Katharina-von-Bora-Straße bleibt Claudia Wagner stehen, zeigt auf das „Haus der Kulturinstitute“ und beginnt die spannende Geschichte des Vorgängerbaus zu erzählen: „Nach der Fertigstellung der Neorenaissance-Villa zog der Mathematikprofessor Alfred Pringsheim mit seiner Familie 1890 in das Palais ein. Es handelte sich hier um keinen Geringeren als den späteren Schwiegervater Thomas Manns.“ Geplant wurde das Stadthaus mit einer Wohnfläche von 1.500 Quadratmetern durch das Berliner Architekturbüro Kayser & von Großheim. „Die

Im Nachfolgebau des Palais Pringsheim ist heute das Zentralinstitut für Kunstgeschichte untergebracht.

luxuriöse Villa war mit Zentralheizung und elektrischem Licht ausgestattet, die Inneneinrichtung lieferte unter anderem der Hofmöbelfabrikant O. Fritsche", ergänzt die Münchnerin.

„Im Erdgeschoss des Anwesens befand sich ein großer Musik- und Tanzsaal, für den Alfred Pringsheim 1891 vom Maler Hans Thoma einen 20,25 m langen, unsäglich schönen Fries schaffen ließ", schreibt Alexander Krause in seinem Buch *Arcisstraße 12* und fügt eine Beschreibung hinzu: „[…] eine paradiesische Landschaft, in der sich glückliche Menschen in zeitlosen Gewändern oder freier Nacktheit bewegten zwischen weidenden Tieren unter blühenden und fruchtbeladenen Bäumen". Von der Diele aus erreichte man den 65 Quadratmeter großen Musiksaal. Er war durch eine Verbindungstür mit der Bibliothek, die mit großem Kamin und ausgelegten Bärenfellen zum Lesen einlud, verbunden. Gegenüber lag das ebenfalls 65 Quadratmeter große und prunkvoll ausgestattete Speisezimmer.

Alfred Pringsheim (1850-1941), der in München bereits vor dem

Bau seines Hauses als außerordentlicher Professor tätig war, brachte es zu großem beruflichem Erfolg: Er war ordentliches Mitglied der Bayrischen Akademie der Wissenschaften, wurde 1901 zum ordentlichen Professor der Münchner Ludwig-Maximilians-Universität ernannt und nahm 1906 seine Tätigkeit als Präsident der Deutschen Mathematiker-Vereinigung und Mitglied der Leopoldina auf. „Dennoch blieb ihm Zeit, sich seinen weiteren Leidenschaften zu widmen", erzählt Claudia Wagner. Alfred Pringsheim liebte die Musik und insbesondere die Kompositionen von Richard Wagner (1813-1883), mit dem er persönlich korrespondierte. Wie sehr er Wagner verehrte, schrieb seine Enkelin Erika Mann (1905-1969) in ihren Erinnerungen nieder: Ihr zufolge habe sich ihr Großvater sogar einmal duelliert, als es jemand wagte, Wagner zu beleidigen. „Neben der Musik liebte er auch die Kunst und baute sich eine bedeutende Sammlung auf", sagt Kunsthistorikerin Claudia Wagner. Diese umfasste Gemälde, Majolika – farbig bemalte zinnglasierte Keramik des 15. und 16. Jahrhunderts aus Italien – und aus der Renaissance stammende Werke der Gold- und Silberschmiedekunst.

Claudia Wagner wäre gerne einmal im Palais Pringsheim zu Gast gewesen.

1904 lernte seine Tochter Katharina (1883-1980), genannt Katia, in der Straßenbahn ihren späteren Ehemann Thomas Mann (1875-1955) kennen. Über den ersten Besuch Manns im Palais Pringsheim im Februar 1904 berichtet der Literaturwissenschaftler Dr. Dirk Heisserer in der *NZZ*, wie erstaunt der Dichter ob all der Pracht des Hauses gewesen sei, in dem seine Künftige lebe, und dass er sich vorkomme wie ein Märchenprinz. „Seinem Bruder schildert er stolz den ‚italienischen Renaissance-Salon mit den Gobelins, den Lenbachs, der Thürumrahmung aus giallo antico'", so der Vorsitzende des Thomas-Mann-Förderkreises München.

Beim Besuch im Hause Pringsheim stellte Thomas Mann dann auch überrascht fest, dass er seine Frau schon viel länger kannte – oder besser: viel früher auf sie aufmerksam geworden war als gedacht. Er entdeckte das Kaulbach-Bild „Kinderkarneval", das die Pringsheim-Kinder als Pierrots verkleidet zeigt, an einer Wand im Palais. Kurz nach seiner Entstehung war es in zahlreichen Illustrierten abgebildet gewesen, und da hatte es auch der damals 14-jährige Thomas gesehen und war derart fasziniert gewesen, dass er sich das Bild ausgeschnitten hatte. Seitdem hing es mit Reißnägeln befestigt über seinem Pult. Seine Künftige hatte ihn also schon über viele Jahre lang tagtäglich begleitet.

1888 entstand das Gemälde „Kinderkarneval" von Friedrich August von Kaulbach. Katia Pringsheim ist ganz links abgebildet.

Die Liebe des jungen Paars war groß – es gab aber auch Widerstände. „Die Beziehung wurde nicht von allen Familienmitgliedern wohlwollend gesehen", beschreibt die Münchnerin die Haltung der Pringsheims. Insbesondere Katias Großmutter mütterlicherseits, Feministin Hedwig Dohm (1831-1919), haderte mit der Entscheidung ihrer Enkelin, Thomas Mann zu ehelichen. Denn schließlich gab die erste Abiturientin Münchens für ihren Gatten ihr Mathematikstudium auf, um sich auf die wachsende Familie konzentrieren zu können. Das junge Paar lebte nicht weit entfernt vom Palais Pringsheim in einer Etagenwohnung.

Bis zum Ersten Weltkrieg waren Geldsorgen für Alfred Pringsheim unbekannt. „Im *Jahrbuch des Vermögens und Einkommens der Millionäre in Bayern* steht er 1914 mit 13 Millionen Mark immerhin an 33. Stelle", beschreibt Claudia Wagner die mehr als auskömmliche finanzielle Situation des Mathematikprofessors und Sohnes eines Eisenbahnunternehmers und Kohlengrubenbesitzers aus Oberschlesien. Der jüdische Akademiker liebte sein Land, und als der Erste Weltkrieg ausbrach, war es für ihn selbstverständlich, Kriegsanleihen zu zeichnen. Doch mit dieser Aktion verlor er einen großen Teil seines Vermögens, die Anleihen waren nach der Niederlage Deutschlands nichts mehr wert. So blieb ihm nichts anderes übrig, als sich von seinen Kunstwerken zu trennen – er selbst kommentierte die missliche Lage so: „Ich lebe von der Wand in den Mund."

„Auch wenn sich die Situation um ihn herum immer weiter verschlechterte und die Juden immer mehr in Bedrängnis gerieten, wollte er nicht wie viele seiner Familienmitglieder ins Ausland fliehen", erklärt Claudia Wagner. Selbst als die NSDAP ihn 1933 zwang, das Palais an die Partei zu verkaufen, dachte er noch nicht an Flucht. „Eventuell lag es am Alter", mutmaßt die Kunsthistorikerin und fährt fort: „Als die Repressalien gegen die jüdische Bevölkerung immer mehr zunahmen, beantragte er doch die Ausreise, die ihm aber mittlerweile verweigert wurde. Mithilfe Winifred Wagners und einflussreicher Parteimitglieder gelang es dem Ehepaar Pringsheim dann doch noch, die benötigten Pässe für die Ausreise nach Zürich am 31. Oktober 1939, einen Tag vor der endgültigen Schließung der Grenzen, zu beschaffen."

„Auch wenn sich die Situation um ihn herum immer weiter verschlechterte und die Juden immer mehr in Bedrängnis gerieten, wollte er nicht wie viele seiner Familienmitglieder ins Ausland fliehen."

Bereits vier Jahre bevor Pringsheim in die Schweiz floh, hatten die Nazis das Stadthaus im Herbst 1935 abtragen und an seiner Stelle den sogenannten „Verwaltungsbau" errichten lassen. Hier wurden die Lochkarten der am Ende fast zehn Millionen Parteimitglieder aufbewahrt und neben der Verwaltung der NSDAP auch eine Bibliothek und ein Restaurant eingerichtet. Im September 1938 wurde gegenüber,

im „Führerbau“, das folgenreiche Münchner Abkommen verhandelt und unterzeichnet. Es bestimmte, dass die Tschechoslowakei das Sudetenland an das Deutsche Reich abzutreten und binnen zehn Tagen zu räumen habe. Doch diese Appeasement-Politik hielt den Ausbruch des Krieges nicht auf.
An dessen Ende im April 1945 besetzten die Truppen der US-Armee beide Gebäude, wobei im „Verwaltungsbau“, an der Stelle des ehemaligen Palais Pringsheim, ein „Collecting Point“, also eine zentrale Sammelstelle für aufgefundene Kunstwerke des nationalsozialistischen Kunstraubs eingerichtet wurde. Aus der Forschungsstelle zur Provenienzforschung und Rückführung entstand das Zentralinstitut für Kunstgeschichte, das heute in den ehemaligen Räumen der NS-Verwaltung seinen Sitz hat.

Von all dem bekam das betagte Ehepaar Pringsheim nichts mehr mit: Alfred starb 1941, zwei Jahre nach seiner Flucht, im Alter von 90 Jahren im Exil, seine Frau folgte ihm ein Jahr später nach.

Hier stand das Palais Pringsheim:

Die herrliche Stadtvilla befand sich ehemals in der Arcisstraße 12, die heute der Katharina-von-Bora-Straße 10 entspricht.

Das Odeon, einst einer der prächtigsten Konzertsäle in München, wurde während des Zweiten Weltkriegs zerstört.

Odeon

Ein Tempel für die Musik

Heute spannt sich ein Glaskuppeldach über den Innenhof des „Bayerischen Staatsministeriums des Inneren" am Odeonsplatz 3. In der Mitte plätschert ein Brunnen. Und der plätschert da nicht einfach so, sondern aus einem ganz bestimmten Grund: Er soll an die Musik erinnern, die hier einst den Raum durchflutete. „Und auch an einen städtebaulichen Fortschritt und an eine einmalige Stätte der Musikkultur in München", verrät der Leiter der Gästeführer „Stadtspürer", Christopher Weidner.

Nötig wurde dieser städtebauliche Fortschritt, weil die Münchner

Beim Wiederaufbau wurden einige Gestaltungselemente des Vorgängerbaus übernommen.

Anfang des 19. Jahrhunderts ausgesprochen gern ins Konzert gingen, wodurch der Bedarf nach einem Konzertsaal im größer wurde. „Zunächst plante der Hof, an das in den 1810er-Jahren erbaute Münchner Hof- und Nationaltheater noch einen Konzertsaal anzubauen", berichtet Christopher Weidner. Zwar entwarf Karl von Fischer (1782-1820) dafür auch gleich einen prachtvollen Säulenraum, doch musste die Ausführung aufgrund der hohen Kosten zunächst zurückgestellt werden. Schwung in die Angelegenheit brachte Kronprinz Ludwig I. (1786-1868), denn er löste das überfällige Bauvorhaben aus dem Zusammenhang mit dem Gebäude des Nationaltheaters heraus und wies ihm im Rahmen einer Stadterweiterung die Fläche am Odeonsplatz zu. Und „im Sommer und Herbst 1825 ließ Kronprinz Ludwig seinen bevorzugten Baumeister die Pläne für einen ‚Redoutensaal' in dem äußerlich dem Palais seines Schwagers gleichenden südlichen Nachbargebäude ausarbeiten", schreibt Dr. Heinrich Habel in seinem Aufsatz *Klenzes Odeon – zur Baugeschichte und Typologie*. Und weiter:

„Obwohl das Odeon zusammen mit dem Königsbau der Residenz, der Alten Pinakothek und der Hofkirche zu den bald nach der Thronbesteigung Ludwigs I. begonnenen Baumaßnahmen gehörte, fand die Grundsteinlegung am 7. Februar 1826 in relativ bescheidener Form in Abwesenheit des Monarchen durch den Hoftheaterintendanten Freiherr von Poißl statt [...]."

Eröffnet wurde das Odeon auf den Tag genau zwei Jahre später mit einem rauschenden Festball zum Karnevalsbeginn. „Bis zum ersten Konzert mussten sich die Münchner aber noch ein wenig gedulden, denn das fand erst einen guten Monat später, am 10. März, statt", sagt Christopher Weidner. Das Herzstück des Gebäudes, war der Große Saal – und der konnte sich wahrlich sehen lassen: Er erstreckte sich über zwei Stockwerke und war von Kolonnaden eingerahmt. „Die den Saal abschließende halbkreisförmige Orchester-Exedra, im Untergeschoss wandhaft geschlossen, mit zehn in eichenlaubgerahmten Rundnischen aufgestellten Gipsbüsten namhafter Komponisten", war der krönende Abschluss, wie Habel schreibt.

Zunächst gab es in dem Konzertsaal weder feste Bestuhlung noch Hofloge, dafür konnte man die königlichen Hoheiten mit etwas Glück aus nächster Nähe erleben: Wenn die gekrönten Häupter sich entschieden, einer Vorstellung beizuwohnen, wurden für sie angemessene Sitzgelegenheiten ganz vorne, vor der ersten Reihe, aufgebaut.

Weit gefehlt wer glaubt, beim Odeon habe es sich nur um einen Konzertsaal gehandelt: In den Jahren 1834 und 1835 fand im zweiten Stockwerk die Oberbayerische Industrieausstellung statt, was, wie Habel schreibt, die Keimzelle des Münchner Messe- und Ausstellungswesens gewesen sei. Außerdem wurde hier zum Beispiel 1840 das Dürerfest und 1859 ein Festakt zum 100. Geburtstag Schillers ausgerichtet, sportlich ging es dagegen beim Ersten Bayerischen Bundesturnfest 1862 zu. In die Annalen des Gebäudes ging insbesondere das Künstlermaskenfest zu Fasching 1876 ein. „Aber es fanden auch immer wieder politische Versammlungen und wissenschaftliche Tagungen dort statt", charakterisiert Christopher Weidner die Veranstaltungen im Odeon.

Bei einer umfangreichen Restaurierung um 1905 wurden insgesamt 845 Sitz- und je 300 Stehplätze im Parkett und auf der Galerie geschaffen. „Doch wenn die 1.445 Plätze alle belegt waren, fühlte sich der Saal nach heutigen Maßstäben sehr überfüllt an", gibt der Stadtspürer-Chef zu bedenken. 1940 wurde nochmals restauriert und eine neue Beleuchtungsanlage eingebaut.

Doch lange konnten sich die Münchner dann nicht mehr an dem herrlichem Klang der Musik erfreuen, denn 1943 wurde das Odeon im September und im Oktober je einmal von Bomben getroffen. Die Schäden waren zwar vorerst vergleichsweise gering, der große Luftangriff der britischen Luftwaffe in der Nacht zum 25. April 1944 mit Spreng- und Brandbomben war jedoch verheerend.

Zunächst blieb die Ruine ungeschützt liegen. Prof. Josef Wiedemann (1910-2001), der maßgeblich am Wiederaufbau des Gebäudes beteiligt war, schildert seine ersten Eindrücke in dem Aufsatz *Der Wiederaufbau des Odeons 1950-51*. Er „war überwältigt von dem Anblick der Ruine: das war das Urbild von Raum". Weiter berichtet er: „Die Gestalt des Saales war sichtbar geblieben als Hof, die ionischen Säulen im Galeriegeschoss des ehemaligen Saales waren heruntergestürzt, das Halbrund der Exedra stand als brandrot gefärbte Schale, und die Öffnungen der Fenster erschienen als Löcher in den hoch ragenden Mauern. Der Himmel bildete das Dach."

Diese Anmutung fing Wiedemann ein, als der den Innenhof des Bayerischen Innenministeriums neu gestaltete – auch heute noch kann man durch das Glasdach den Himmel sehen. So wird eine Brücke zur Vergangenheit geschlagen, wenn auch die Musik den Raum nicht mehr erfüllt.

Hier stand das Odeon:

Der Konzertsaal befand sich in dem Gebäudekomplex am Odeonsplatz 3, in dem heute das Bayerische Staatsministerium des Inneren seinen Sitz hat.

Dieses Foto zeigt die Herzog-Max-Burg im Jahr 1860.

Wilhelminische Veste

Askese eines Herzogs

Wilhelm V. (1548-1626) plante Großes für seinen Ruhesitz: 54 Häuser samt Grundstücken wechselten den Besitzer, und darauf sollte dann etwas Neues entstehen. „Er dankte am 15. Oktober 1597 ab, sein Sohn Maximilian I. (1573-1651) übernahm die Regierungsgeschäfte. In diese hatte ihn sein Vater bereits ab 1594 schrittweise eingearbeitet", erklärt Hans Joachim Wehlmann, der sich eingehend mit dem Leben Wilhelms V. beschäftigt hat.

Dr. Christian Quaeitzsch, Referent bei der Bayerischen Schlösserver-

Heute erinnert an der „Neuen Maxburg" noch der Turm – im neuen Gewand – an die geschichtsträchtigen Vorgängerbauten.

waltung, nennt die Abdankung einen „ungewöhnlichen Schritt". Es „scheint die mentale Verfassung des Altherzogs gewesen zu sein, seine von vielen Zeitgenossen bestätigte ‚Melancholey'", schreibt er in seinem Aufsatz *Residenz 2.0 – die „Wilhelminische Feste"*.

„Doch mit der Abdankung ergaben sich neue Probleme für Wilhelm, denn er benötigte einen angemessenen eigenen Wohn- und Alterssitz – aber imposanter als der seines Sohnes als Herrscher durfte er wiederum auch nicht sein", schildert Hans-Joachim Wehlmann Wilhelms Dilemma. Als Vorbild diente ihm Kaiser Karl V. (1500-1558), der ebenfalls abgedankt und danach ein offiziell mönchisches Leben – fernab der Welt – im spanischen Kloster San Yuste geführt hatte. „Wilhelm förderte Zeit seines Lebens die Jesuiten, und so lag es nahe, dass er in ihrer Nähe seinen Klosterpalast bauen ließ", begründet Wehlmann diese Entscheidung, denn der Monarch wollte nach seiner Regierungszeit ein Leben in religiöser Einkehr führen. „Diese Askese sollte aber natürlich in einem angemessenen fürstlichen Rahmen stattfinden. Der neue Palast hinter der Michaeliskirche mit seinen mehr als 200 Zimmern und diversen Nebengebäuden spiegelte diese Vision wieder: Er präsentierte sich von außen relativ schlicht, war aber zugleich riesig", fasst Quaeitzsch die Widersprüchlichkeit zusammen. „Auch das Innere entsprach dem Äußeren", berichtet Hans-Joachim Wehlmann, „denn die Ausstattung war eher altmodisch und durchaus luxuriös, aber dennoch zum Ambiente eines zeitgenössischen Klosters passend." Daneben befanden sich auf der Anlage eine Vielzahl von Privatkapellen und Gärten.

Ausschnitt der Herzog-Max-Burg aus dem Kupferstich von Michael Wening (1701).

„Am meisten hatte mich aber die Grotte überrascht", erklärt der Gästeführer. Dabei handelte es sich um eine künstliche Einsiedelei. Dort beteten und lebten zwei Eremiten. „Doch die waren nur Teil einer barocken Inszenierung", sagt der Münchner, der im Zuge seiner Recherchen herausfand, dass das gar nicht so ungewöhnlich war: „Häufig mimten arbeitslose oder invalide Soldaten die Mönche und erhielten somit ein gewisses Zubrot."

Die Wilhelminische Veste, benannt nach dem Erbauer, wurde nach dessen Ableben unter anderem von Wilhelms Enkel Maximilian Philipp (1638-1705) bewohnt, der von 1679-1680 für den noch minderjährigen Max Emanuel (1662-1726) regierte. Maximilian nutzte die Veste als Residenz. „Dieser Umstand sorgte dann dafür, dass man zukünftig von der Herzog-Max-Burg sprach", erklärt Hans-Joachim Wehlmann. Letzte Bewohnerin war die Kurfürstin Witwe Maria Leopoldine von Österreich-Este

(1776-1848), die bis zu ihrem Tode 1848 dort lebte. Danach nutzten immer wieder wechselnde Behörden die Herzog-Max-Burg.

„Im Laufe der Zeit fanden diverse Umbauten statt", erzählt Wehlmann die Geschichte weiter. „So wurden zum Beispiel 1880 die Wirtschaftsgebäude im Süden sowie Osten abgebrochen und die entstandene Freifläche mit Mietshäusern neu bebaut."

„Die Ausstattung war eher altmodisch und durchaus luxuriös, aber dennoch zum Ambiente eines zeitgenössischen Klosters passend."

Die Luftangriffe vom 24. und 25. April 1944 trafen auch die Maxburg schwer und sie brannte bis auf den Turm komplett aus. Der Abriss der Ruine erfolgte 1951. Damit war dann auch die Wilhelminische Veste den Weg alles Irdischen gegangen, sie zerfiel zu Staub.

Hier stand die Wilhelminische Veste:

Die Burg erstreckte sich entlang dem heutigen Komplex aus Verwaltungs- und Geschäftsgebäuden „Neue Maxburg" am Lenbachplatz.

Werbeanzeige der Familie Einstein für ihre Elektrotechnische Fabrik in München.

Elektrotechnische Fabrik

Der Stadt an der Isar geht ein Licht auf

Fällt der Name Einstein, denkt man sofort an das wohl berühmteste Familienmitglied Albert und seine Relativitätstheorie. „Auch dass der große Gelehrte zeitweise in München gewohnt hat, wissen zahlreiche Einheimische", beginnt Dr. Claudia Wagner zu erzählen. Doch dass seine Familie dafür verantwortlich war, dass man auf dem Oktoberfest auch zu vorgerückter Stunde seine Maß im Hellen genießen konnte, liegt wahrscheinlich für die meisten im Dunklen."

Jakob Einstein (1850-1912), den Onkel des späteren Nobelpreis-

Heute weist nur eine Tafel auf den berühmten Physiker hin. Nichts kündet davon, dass hier einst die Beleuchtung für das Münchner Oktoberfest produziert wurde.

trägers, zog es bereits 1876 nach München. Der examinierte „Civilingenieur" eröffnete im selben Jahr ein Geschäft für Wasserinstallationen. Drei Jahre später wurde dessen Bruder Hermann, der Vater Albert Einsteins (1879-1955), Teilhaber der J. Einstein'schen Fabrik für Wasserförderung und Central-Heizungen und zog mit seiner Familie von Ulm nach München um. Wiederum drei Jahre später besuchten die Brüder die erste Deutsche Elektrotechnische Ausstellung im Glaspalast in der Isarstadt. Die Begeisterung über all das, was es dort zu bestaunen gab, erfasste die Einsteins ebenso wie die restlichen Münchner. Fortan wollte die Familie sich ganz der Herstellung elektrotechnischer Produkte widmen. „Auf einem zwischen der heutigen Lindwurmstraße und der Adlzreiterstraße gelegenen Areal entstand 1885 ein zweistöckiges Fabrikgebäude", schreibt der Historiker Dr. Stefan Siemer in seinem Aufsatz *Einstein in München* über die Gründungsphase der Elektrotechnischen Fabrik Jakob Einstein & Cie. „Der Kopf des Unternehmens war Jakob Einstein", erklärt Claudia Wagner. „Und er war es auch, der einen neuartigen Stromzähler entwickelte, welcher auf der Internationalen elektrotechnischen Aus-stellung 1891 in Frankfurt erstmals vorgestellt wurde." Aber der Stromzähler war nicht das einzige Produkt, das die Einsteins dort präsentierten: Im Ausstellungskatalog war aufgelistet, dass die „Einstein'sche Dynamomaschine mit einer Leistung von 75 000 Voltampere, direkt gekuppelt mit einer 125-pferdigen stehenden Dampfmaschine [...] zur Beleuchtung der Pfungstädter Bierhalle, des Cafés, des Irrgartens, sowie der Schiessstätte" beitrug. 1885 erhielten die Elektro-Pioniere die Möglichkeit, sich in ihrem Heimatort zu präsentieren. Hierzu „stellten Einstein und Cie. auf dem Oktoberfest 16 Bogenlampen auf, die über eine 6,5 Kilometer lange Freileitung von dem Fabrikgelände in der Adlzreiterstraße mit Strom versorgt wurden", beschreibt Siemer die Anlage und kommt zu dem Schluss: „Eine elektrische Beleuchtung der Festwiese scheint von diesem Zeitpunkt an üblich geworden zu sein."

Doch dann, mit dem Turnfest 1887, kam ein Rückschlag für Einstein & Cie.: „Mit 55 Bogenlampen und 66 Glühlampen sollte die Firma Einstein und Cie. die Veranstaltung auf der Münchner Festwiese beleuchten, damit auch in den Abendstunden eine Bewirtung der Gäste möglich war – und das ohne die Brandgefahr der sonst üblichen Petroleumbeleuchtung", erzählt Claudia Wagner. „Doch die Budenbesitzer und Wirte empfanden die Beleuchtung als nicht ausreichend, sie forderten mehr Licht." Eine Aufstockung konnten die Brüder so kurzfristig allerdings nicht stemmen. Dem Protokoll des Bauausschusses zum Fest kann man entnehmen, der Bauregierungsrat habe den Eindruck gewonnen, dass der Firma Einstein & Cie. „das nötige Personal und die erforderlichen Motoren und Drähte" nicht zur Verfügung stünden. Für etwas mehr Helligkeit sorgte die Konkurrenz: Die Allgemeine Elektricitäts-Gesellschaft (A.E.G.) stellte zwölf weitere Bogenlampen zur Verfügung.

„Mit 55 Bogenlampen und 66 Glühlampen sollte die Firma Einstein und Cie. die Veranstaltung auf der Münchner Festwiese beleuchten."

Der kleine Rückschlag konnte das aufstrebende Unternehmen aber zunächst nicht aufhalten: Während München noch über eine

Elektrifizierung nachdachte, beauftragte der Magistrat der damals noch unabhängigen Gemeinde Schwabing die Firma Einstein & Cie. bereits im Oktober 1888 mit der elektrotechnischen Ausstattung der städtischen Beleuchtungsanlage. Die Inbetriebnahme wurde am 26. Februar 1889 groß gefeiert. Die *Schwabinger Gemeindezeitung* berichtete: „Mit einem Male erstrahlte der Festplatz sowie die Strassen Schwabings im hellsten Bogenlampen- und Glühlichte, begrüßt von den Anwesenden durch lebhafte Beifallsbezeugungen." Damit waren die Einsteins in aller Munde. Viele Gemeinden wollten es nun Schwabing gleichtun und ebenfalls ihre Straßen beleuchten, doch häufig wurden die angedachten Projekte bereits in der Planungsphase als zu kostspielig wieder verworfen.

„Nach 1891 begann der Niedergang von Einstein und Cie.", schreibt Siemer und nennt auch den Grund hierfür, denn „auf Dauer war es für einen Familienbetrieb dieser Art unmöglich, sich gegen die großen Unternehmen A.E.G., Siemens oder Schuckert zu behaupten." Als auch noch der Auftrag für die Beleuchtungsanlage in München an die Konkurrenz ging, erloschen die Lichter in der Münchner Fabrik endgültig. Zwar versuchten die Einsteins 1894 einen Neustart in Italien, doch auch der misslang, und 1896 musste Einstein & Cie. Konkurs anmelden.

63 Jahre stand das Haus noch, 1959 fiel die Fabrik, in der einst die erste Beleuchtung des Oktoberfests ermöglicht worden war, endgültig der Abrissbirne zum Opfer.

Hier stand die Elektrotechnische Fabrik:

Familie Einstein lebte in der Adlzreiterstraße 12. Das Fabrikgebäude befand sich im Hinterhof des Anwesens, dessen Rückgebäude sich bis zur Lindwurmstraße erstreckte.

Die Postkarte zeigt die Vergnügungsstätte Kil's Colosseum und die zugehörige Brauerei.

Kil's Colosseum

Rauschende Feste und eine Tragödie

Heute würde man Kil's Colosseum im Glockenbachviertel als Event- und Erlebnisgastronomie bezeichnen. Und auch wenn es diesen Begriff damals noch nicht gab: Die Menschen strömten im 19. Jahrhundert in Scharen zu dem Veranstaltungsort und hatten jede Menge Spaß.

„Die Anfänge waren relativ bescheiden", beginnt Thelma Simbola, die das Viertel rund um den Glockenbach wie ihre Westentasche kennt, zu erzählen. Der Protagonist dieser Geschichte ist Franz Kil: 1870 übernahm er das alte Gasthaus zu den „Drei Linden" und den zuge-

Auf dem ehemaligen Vergügungsareal hat sich ein moderner Mix aus Wohn- und Bürohäusern entwickelt.

hörigen Wirtsgarten in der Hans-Sachs-Straße – und das war nur der allererste Anfang: „Franz Kil erweiterte sein Areal Stück für Stück und machte es zu einem regelrechten Erlebnispark", schildert die Münchnerin. Das Glück spielte dem Unternehmer in die Karten: Die Tatsache, dass an seinen Biergarten unmittelbar der Übungsplatz der Münchner Turner anschloss, brachte Frequenz. Außerdem wurden in der Hans-Sachs-Straße in kürzester Zeit diverse Grundstücke angekauft und wieder verkauft. Franz Kil wusste seine Chance zu nutzen, zögerte nicht lange, kaufte die Grundstücke und hatte somit bald genug Platz, um seine Vision realisieren zu können.

„Um den Absatz von Speisen und Getränken anzukurbeln, setzte er auf Unterhaltung", erklärt Thelma Simbola die grundlegende Strategie von Franz Kil. 1873 bestand die Anlage bereits aus einem großen bewirteten Saal mit diversen Nebenräumen und Tanzflächen, außerdem gab es eine Theaterbühne, eine Kegelbahn und eine große Gartenwirtschaft.

Das Konzept ging voll auf, und so schmiedeten Franz Kil und sein Sohn Peter Pläne für eine eigene Brauerei. Es sollte nicht bei den Plänen bleiben: 1877 begannen die ersten Vorbereitungen, und schon zwei Jahre später floss das erste hausgebraute Bier in die Maßkrüge. „Dass Peter Kil Bierbrauer war, hat die Entscheidung sicherlich maßgeblich beeinflusst", beleuchtet die Gästeführerin von den „Stadtspürern" die Hintergründe.
Doch bei einer der zahlreichen Veranstaltungen kam es zu einer Tragödie: „Nicht ausnahmslos herrschte in diesem Saale Lebenslust und Freude, einmal hielten auch Tod und Trauer einen schrecklichen Einzug!", wie Joseph Mitterer in seinem Aufsatz *Das Münchner Colosseum!* schreibt. „Am Abend des 18. Februar 1881 war ein großes Maskenfest von Künstlern und Studenten der Akademie der bildenden Künste geplant", erzählt Thelma Simbola die Geschichte weiter. Unter dem Motto „Rund um die Welt" wollte eine Gruppe junger als Eskimos verkleideter Künstler auf der Bühne über offenem Feuer Heringe grillen, und dabei geriet wohl ein Kostüm in Brand. Durch Funkenflug griff das Feuer auf die zu Hilfe eilenden Gruppenmitglieder über. „Sechs Personen erlagen an Ort und Stelle dem Flammentode. Drei erlagen den schrecklichen Brandwunden im Krankenhaus links der Isar", fasst Joseph Mitterer die furchtbaren Folgen dieses Februarabends zusammen. „Viele der Gäste bemerkten nichts von diesem tragischen Unglück und einige dachten, das wäre Teil der Show", sagt Thelma Simbola.

Thelma Simbola ist fasziniert von der Geschichte ihres Viertels rund um den Glockenbach.

1884 wurde der Gesamtbetrieb in eine Aktiengesellschaft umgewandelt, die ein Jahr später einen Bierkeller in der Balanstraße 75

eröffnete. „Zwei Jahre nach dem Tod des Hauptaktionärs Franz Kil und der Übernahme der Geschäfte durch seinen Sohn Peter im Jahr 1887 verkaufte die Aktiengesellschaft wegen steigender Verluste zunächst erst die Aktienbrauerei Colosseum und später auch den Theaterbetrieb an den ehemaligen Besitzer des Metzgerbräus sowie ehemaligen Direktor der Münchner Kind AG, Johann Wagerer", berichtet Christian Schäder in seinem Buch *Münchner Brauindustrie: 1871-1945; die wirtschaftsgeschichtliche Entwicklung eines Industriezweiges.* Durch die von Wagerer vorgenommenen Rationalisierungsmaßnahmen stellte sich zunächst wieder wirtschaftlicher Aufschwung ein, doch wirklich erfolgreich wurde das Unternehmen nicht mehr, 1895 folgte die Schließung der Brauerei.
Ansonsten aber ging der Betrieb uneingeschränkt weiter, dank der Auftritte des Komikerpaars Karl Valentin (1882-1948) und Liesl Karlstadt (1892-1960) auch mit Erfolg. Mitterer, der seine Erinnerungen an das Colosseum auf Wunsch Karl Valentins zu Papier brachte, war sich noch 1932 sicher, das Colosseum „wird fortbestehen, denn die Anziehungskraft des heute noch schönsten Festsaales in seiner klassischen Form wird nicht erlahmen und dies umso weniger, wenn – wie derzeitig – eine tüchtige, umsichtige Geschäftsführung obwaltet".

Doch der Zweite Weltkrieg habe auch für das Colosseum einen Wendepunkt dargestellt, wie Thelma Simbola erklärt: „Zum einen wurde zu Beginn des Kriegs der Theaterbetrieb eingestellt, und zum anderen wurde der Gesamtbetrieb im weiteren Verlauf schwer beschädigt." Es gab zwar am 13. November 1947 einen Neustart, doch so richtig Fahrt nahm das Unternehmen nicht mehr auf. Elf Jahre später, 1958, wurden zum letzten Mal die Türen geschlossen, bald danach fiel das Gebäude der Abrissbirne zum Opfer. Und somit ging nach 88 Jahren eine Ära der frühen Erlebnisgastronomie im Glockenbachviertel unwiderruflich zu Ende.

Hier stand Kil's Colosseum:

Es befand sich in der Kolosseumstraße, das ehemalige Betriebsgelände erstreckte sich bis zur Ecke Hans-Sachs-Straße / Ickstattstraße.

Das Gemälde eines unbekannten Malers aus dem Jahr 1809 zeigt das Franziskanerkloster.

Franziskanerkloster

Arm, ärmer, am ärmsten

Prunk- und würdevoll steht das Nationaltheater mit seiner imposanten Säulenvorhalle am Max-Joseph-Platz. Bis es aber in seiner heutigen Pracht erschaffen war, war es ein langer und steiniger Weg. Und so manche Zungen behaupten, dies habe mit dem Vorgängerbau zu tun: dem Franziskanerkloster.

„Doch beginnen wir die Geschichte von Anfang an", sagt Hans-Joachim Wehlmann, der sich gut mit der Geschichte der Stadt auskennt und fährt fort: „Zu Beginn des 13. Jahrhunderts kamen die ersten Vertreter des heiligen Franziskus nach München." Ein Haus der

Heute steht unter anderem das Nationaltheater auf dem einstigen Klosterareal.

„Minderen Brüder“, wie die Franziskaner bezeichnet wurden, kann schon 1257 anhand der Urkunden Papst Alexanders IV. (1199-1261) belegt werden. Damit galt es als ältestes nachweisbares Kloster in München, dem die Kirche St. Jakob auf dem sogenannten Anger zugeordnet war. „Diese Lage war typisch für den Bettelorden – außerhalb der Stadtmauern und inmitten einer von Armut geprägten Vorstadt“, erklärt der Gästeführer vom „Weißen Stadtvogel“. 1284 gaben die Franziskaner das Kloster St. Jakob am Anger an die Klarissen ab. Auf Bitte des Herzogs Ludwig des Strengen (1229-1294) siedelten sich die Mönche mit ihrem Konvent in der Nähe des Alten Hofs an, auf dessen Grund sich bereits die Kapelle St. Agnes befand, die zum Kern des neuen Konvents wurde. „1294 konnten die Franziskaner die neu errichtete und größere Klosterkirche St. Franziskus einweihen“, berichtet Hans-Joachim Wehlmann. Da im gleichen Zeitraum die große Stadterweiterung begann und damit auch die Stadtmauern nach außen verlegt wurden, lagen nun alle Klöster innerhalb der neuen Ringmauer.

„In der Regierungszeit Kaiser Ludwigs des Bayern entwickelte sich das Kloster der Münchner Franziskaner zu einem wissenschaftlichen und politischen Zentrum von europäischen Rang", schreibt Christian Lankes in seinem Aufsatz *Münchner Franziskaner – Vom Bettelkloster zur Staatsoper*.

Ludwig jedoch kam durch sein Eingreifen in Norditalien mit Papst Johannes XXII. in Konflikt. „Dieser begann um 1323 und sollte ihn für den Rest seines Lebens begleiten", so Wehlmann. „1324 wurde er exkommuniziert und unter einen Kirchenbann gestellt, der Zeit seines Lebens nicht mehr aufgehoben wurde." Seine Kaiserkrönung im Jahr 1328 fand daher ohne den Papst statt, Ludwig erhielt die Krone direkt vom römischen Volk. So verwundert es nicht, dass Ludwig dem Ordensgeneral der Franziskaner Michael von Cesena (ca. 1270-1342) Zuflucht bot, als dieser vor dem in Avignon residierenden Papst fliehen musste. Auch der Jurist und Laienbruder Bonagratia von Bergamo (1265-1340) sowie Wilhelm von Ockham (um 1285-1347) suchten 1328 in München Asyl. „Sicherlich waren sie froh, dass sie in dem Kloster Schutz finden konnten", vermutet Hans-Joachim Wehlmann. „Doch mussten sie auch die eine oder andere Unannehmlichkeit in Kauf nehmen, da viele Gebäude des Konvents aufgrund des Stadtbrandes von 1327 im Vorjahr den Flammen zum Opfer gefallen waren und sie damit in eine Brandruine einzogen."

Der Wiederaufbau des Klosters sollte sich über eine lange Zeit hinziehen, und erst mit dem Münchner Patriziersohn Vinzenz Ridler, Kustos des Konvents, kam dann auch der wirtschaftliche Aufschwung. „1375 war eine umfassende Renovierung der Klosterkirche abgeschlossen und 1385 konnten die Mönche nach einem jahrzehntelangen Provisorium wieder einen richtigen Konventbau beziehen", schreibt Christian Lankes über die Fortschritte der Baumaßnahmen.

Das Kloster wurde unter anderem durch eine dort aufbewahrte Reliquie – ein Oberarmknochen des heiligen Antonius von Padua (1195-1231) – zu einem beliebten Wallfahrtsort. Dank der vielen Besucher konnten sich die Franziskaner wieder einen gewissen Wohlstand erarbeiten, was ja eigentlich im Gegensatz zu dem von ihnen verfochtenen Armutsgelübde stand. Als dann aber auch noch Adlige und spendable Bürger den Mönchen regelmäßig Mittel zur Verfügung

stellten und ihnen sogar Grundstücke überließen, missfiel dies Herzog Albrecht IV. (1447-1508), denn er war ein Verfechter des Armutsgelübdes und ergriff Maßnahmen, um es durchzusetzen. Da sich nur drei der Mönche den neuen Regeln des Herzogs unterwerfen wollten, zwang er die restlichen Ordensbrüder 1480 zum Abzug.
„Somit mussten die Franziskaner wieder von Almosen leben", erzählt Wehlmann. „Um sich neue Einnahmequellen zu erschließen, gründeten sie nach der Reform die Klosterbrauerei."

Das Ende des Klosters kam 1802. „Es wurde säkularisiert", berichtet der Gästeführer, „und sowohl die Kirche als auch die restlichen Gebäude des Konvents abgerissen."

König Maximilian I. Joseph (1756-1825) beauftragte 1810 den Architekten Karl von Fischer (1782-1820), auf dem jetzt freigewordenen Gelände das neue Königliche Hof- und Nationaltheater zu planen. Die im Oktober 1811 begonnen Bauarbeiten und mussten 1813 für eine gewisse Zeit unterbrochen werden, da es zu Schwierigkeiten bei der Finanzierung kam. Als diese Hürde überwunden war, vernichtete 1817 ein Brand einen Teil des Neubaus.

Am 12. Oktober 1818 fand zwar die Eröffnung statt, doch von den großen Plänen des Architekten konnte nur ein kleiner Teil realisiert werden: Es mangelte sowohl an Zeit als auch an monetären Möglichkeiten diese Pläne umzusetzen.
Und dann, am 14. Januar 1823, wüteten wieder die Flammen: Während einer Vorstellung fing die Dekoration Feuer – das Theater brannte bis auf die Grundmauern ab. „Da die Löschwasserseen gefroren waren, konnten die Flammen nicht einmal gelöscht werden", schildert der Gästeführer die dramatische Situation. „Und da wurde eben gemunkelt, ob dies nicht eine Strafe des Himmels sei, weil man einst die Franziskaner von hier vertrieben hatte."

Hier stand das Franziskanerkloster:

Der Konvent befand sich auf dem Gelände der Bayerischen Staatsoper im Nationaltheater am Max-Joseph-Platz.

Das Agfa-Hochhaus wurde Ende der 1950er-Jahre gebaut.
Der spektakuläre Abriss erfolgte im Februar 2008.

Agfa-Hochhaus

Das Ende kam mit einem Knall

Selten", sagt Münchens Alt-OB Christian Ude, „ist in München etwas so spektakulär und vor aller Augen dem Erdboden gleichgemacht worden wie das Agfa-Hochhaus am 17. Februar 2008." Die Anwohner der umliegenden Gebäude wurden evakuiert, der Mittlere Ring gesperrt, 15.000 Schaulustige haben sich auf den Straßen versammelt, stehen dicht gedrängt, Fotoapparate und Videokameras sind in Position. Über den Köpfen der Zuschauer erhebt sich riesig und stolz das 14-stöckige Agfa-Hochhaus, dessen Minuten nun gezählt sind.

Statt dem Agfa-Hochhaus steht heute ein Verwaltungsgebäude an der Tegernseer Landstraße 161.

Als der Betonriese im Jahr 1959 erbaut wurde, war er mit seinen 52 Metern eines der höchsten Hochhäuser in München. Doch jetzt, an diesem kalten Februarmorgen, sind Sprengmeister Eduard Reisch und seine Kollegen schon seit den frühen Morgenstunden hochkonzentriert dabei, die Vorbereitungen für die spektakuläre Sprengung zu treffen. Das Unterfangen ist nicht ganz einfach: Mehrere kleinere Sprengungen müssen vorgenommen werden, damit die Gebäudeteile wirklich auf dem dafür vorgesehenen Platz und nicht etwa auf dem Mittleren Ring landen. 125 Tonnen Sprengstoff sind nötig, um das riesige Gebäude in die Knie zu zwingen.

„Selten ist in München etwas so spektakulär und vor aller Augen dem Erdboden gleichgemacht worden wie das Agfa-Hochhaus am 17. Februar 2008.“

Und dann geht alles gut, Punkt 12:06 Uhr sinkt der Betonriese zur Seite ab, Sekunden später steigt eine enorme Staubwolke auf – dort, wo einst das Symbol des Wirtschaftswunders gestanden hatte. Die Schaulustigen auf der Straße jubeln und applaudieren. Auch Udo Heimbucher ist unter den Zuschauern. In einem BR-Interview sagt er: „Das Ganze hat etwas von Endzeitstimmung." Für den Münchner ist die Sprengung mehr als ein Spektakel, für ihn gehen hier 20 Jahre seines Berufslebens in einer riesigen Staubwolke zu Ende. 1970 hatte er bei Agfa als Lehrling angefangen und ist dem Unternehmen treu geblieben. Ähnlich zu Herzen geht die Sprengung Karin Schywek und ihrem Vater Heinz. Vom Küchenfenster ihrer Wohnung in der Agfa-Siedlung haben sie das Gebäude täglich gesehen. „Es war wie Heimat", sagt Karin Schywek. Nun beobachten sie, wie der vertraute Riese in sich zusammenbricht. „Mein Vater war von seiner Lehrzeit bis zum Ende der Agfa dabei", sagt Karin Schywek. „Für ihn ist mit der Sprengung eine Welt zusammengebrochen. Da sind schon Tränen geflossen. Bei uns allen. Bei Familie Schywek, aber auch bei allen Giesingern. Das Agfa-Hochhaus *war* Giesing." Deshalb fiel mit dem Gebäude, wie die Bürokauffrau, die ebenfalls bei Agfa gelernt hat, sagt, auch ein großes Stück Giesinger Identität in sich zusammen. „Für alle, die bei der Agfa gearbeitet haben, war das ein Horrortag", unterstreicht Karin Schywek.

Punkt 12:06 Uhr sank der Betonriese zu Boden.

Die Anfänge des Agfa-Werks reichen ins Jahr 1896 zurück. Damals gründete der Kamerakonstrukteur Alexander Heinrich Rietzschel (1860-1939) die „Optische Anstalt A. Hch. Rietzschel GmbH, München, in der Gabelsberger Str. 36/37". Er war erfolgreich: 1901 beschäftigte er in seinem Betrieb, der nun „Alexander Heinrich Rietschel GmbH, Fabrik photographischer Apparate und Objektive“ hieß, bereits 100 Mitarbeiter. Ein wichtiger Meilenstein in seiner Karriere war das Jahr 1905, als er mit dem Patent auf ein Ganzmetall-Kameragehäuse „den großen Durchbruch als einer der führenden Kamerahersteller“ schaffte, wie das Kamera Museum Scholz berichtet. Unterbrochen wurde der Unternehmenserfolg vom Ersten Weltkrieg (1914-1918), denn da der Betrieb keine Rüstungsgüter herstellte, mussten die rund 200 Mitarbeiter entlassen werden.

Nach mehreren gezielten Sprengungen stieg eine gewaltige Staubwolke auf.

Einen Neustart wagte Rietzschel im Jahr 1919: Mit 100 Beschäftigten versuchte er das Unternehmen wieder zum Laufen zu bringen. Allerdings ging das nur mit einer kräftigen Finanzspritze durch den Farbenfabrikanten Bayer, der 80 Prozent des Unternehmens bei halbem Stimmrecht übernahm.

Und nun kommt endlich Agfa ins Spiel: „Die restlichen Anteile gingen 1924 zu Bayer, die den Kaufmann Bruno Uhl zum Direktor ihrer Münchener ‚Camera-Werke‘ machten. Im Dezember 1925 wurde im Rahmen der Schaffung der I.G. Farben AG der ganze Fotobereich von Bayer der Agfa zugeordnet“, ist auf dem Internetauftritt des Kamera Museums zu lesen. Und weiter: „Mit der Gründung der I.G. Farben AG am 10. Dezember 1925 kamen alle fotografischen Produktionen zu Agfa, somit auch die Optische Anstalt, die man in ‚Agfa Kamerawerk München‘ umbenannte.“ Agfa war 1867 gegründet worden. Nach Streitigkeiten zwischen Bayer und Agfa im Jahr 1885 hatte man sich auf eine zukünftige gemeinsamen Nutzung der Patente geeinigt. Während der Zeit des Nationalsozialismus setzte Agfa eine große Zahl Zwangsarbeiter ein, darunter KZ-Häftlinge aus einem Außenlager des KZ Dachau. Nach dem Krieg mussten sich deshalb Mitglieder der Firmenleitung vor einem amerikanischen Militärgericht im sogenannten I.G.-Farben-Prozess verantworten.

Heinz Schywek arbeitete sein ganzes Leben lang, bis zum Abriss des Gebäudes, in der Agfa.

Der Wiederaufbau des Geschäftsbetriebs in der Nachkriegszeit gestaltete sich durchaus schwierig, denn die Agfa-Werke gab es nicht nur in München, sondern sie waren über die Amerikanische, die Britische und die Sowjetische Besatzungszone verteilt. Trotz aller Probleme gelang die Wiederaufnahme der Produktion noch im Jahr 1945. Wirtschaftlich ging es langsam bergauf, und in den 1950er-Jahren konnte das Unternehmen dann auch wieder in Neubauten investieren – so auch 1959 in das Agfa-Hochhaus. „Zu Hochzeiten des Kamerabaus im Werk München waren Ende der 70er-Jahre dort bis zu 4.000 Menschen beschäftigt", schreibt Sabine Dobel in der *Welt*.

Das Ende der Kameraproduktion läutete dann der Vorstandsvorsitzende André Leysen ein, der das Camerawerk München 1982 schließen wollte, weil die Verluste mittlerweile zu hoch waren. Zu groß war die Konkurrenz aus Fernost geworden. Das Aus bedeutete auch für 3.200 Mitarbeiter in München den Verlust ihres Arbeitsplatzes. Es folgte ein Sterben auf Raten im Bereich der Fotosparte. Zwar versuchte das Unternehmen verzweifelt, durch Verkäufe, verschiedene Investoren und Umstrukturierungsmaßnamen noch bestimmte Bereiche zu retten, doch diese Bemühungen brachten nicht das gewünschte Ergebnis. An diese Umstrukturierungsmaßnahmen hat Karin Schywek eine bittere Erinnerung: „Mein Vater war viele Jahre Industriemeister und hatte einige hundert Leute unter sich. Er ist ein feiner Mann, ruhig und zurückhaltend. Als Vorgesetzter wurde er von seinen Mitarbeitern geliebt. Ich habe ihn nur ein einziges Mal in meinem ganzen Leben betrunken erlebt. Das war, als er Leute entlassen musste. Viele Frauen darunter, Väter mit Kindern. ‚Jetzt muss ich entscheiden, wer gehen muss', hat er gesagt." Und es war doch seine Familie. Eine Agfa-Familie, die zusammengewachsen war. Eine Familie, die viele fröhliche Feste gefeiert hatte. „Als ich meine Ausbildung begonnen habe, war meine erste Station die Hausdruckerei. Und da musste ich erstmal Zwiebeln schälen", sagt Karin Schywek. Warum das? In schönster Mundart fährt die Münchnerin fort: „In der Hausdruckerei ham's allweil Spanferkel g'macht und kocht." Immer wieder sei riesig gefeiert worden. Hatte ein Mitarbeiter Geburtstag, habe man es sich schmecken lassen und die halbe Belegschaft den halben Tag nicht gearbeitet. In besseren Zeiten. Doch die waren 2005 endgültig vorbei: Im Mai 2005 stellte das Unternehmen einen Insolvenzantrag, im Oktober wurde die Abwicklung der AgfaPhoto GmbH zum 31. Dezember 2005 bekannt gegeben.

Und zwei Jahre später, im Oktober 2007, begann der Abriss des Agfa-Werks in der Isarstadt. Der letzte Schritt war am 17. Februar 2008 die Sprengung des Agfa-Hochhauses in München-Giesing, dem 15.000 Münchner beiwohnten, unter ihnen OB Christian Ude.

So also ging eine lange und komplizierte Firmengeschichte mit einem lauten Knall und einer riesigen Staubwolke zu Ende.

Hier stand das Agfa-Hochhaus:

Das 52 Meter hohe Gebäude befand sich an der Tegernseer Landstraße 161 im Stadtteil Giesing.

Bei der Enthüllung des Denkmals im Jahr 1922 wurden viele Kränze niedergelegt.

Urne und Plakette

Erinnern ist nicht immer leicht

Erst ein Schuss, und dann noch einer: Tödlich getroffen in Kopf und Rücken sinkt Kurt Eisner (1867-1919) in der heutigen Kardinal-Faulhaber-Straße zu Boden. Die beiden Leibwächter, die Eisner begleiten, eröffnen das Feuer auf Anton Graf von Arco auf Valley (1897-1945). Der Attentäter überlebt nur dank einer vom berühmten Chirurgen Ferdinand Sauerbruch (1875-1951) durchgeführten Notoperation.

Bevor ihn die Kugeln stoppten, war Eisner am 21. Februar 1919 auf dem Weg zum Landtag. „Dort wollte er seinen Rücktritt aufgrund der

Max Zeidler lehnt an das Denkmal im Ostfriedhof, das schlichter und kleiner wieder aufgebaut wurde.

schwachen Wahlergebnisse bekanntgeben", sagt Stadtführer Max Zeidler, der sich hervorragend mit den Ereignissen rund um den Mord an Kurt Eisner auskennt.

Als seine Kollegen im Landtag von dem Attentat erfahren, herrscht Entsetzen – aber auch Wut: Alois Lindner (1887-1943), der Mitbegründer des Revolutionären Arbeiterrats in München, schießt von der Zuschauertribüne aus auf den SPD-Vorsitzenden Erhard Auer (1874-1945), da er glaubt, dieser hätte mit dem Attentat auf Eisner zu tun gehabt. Bei dem Versuch, Lindner zu fassen, wird eine weitere Person getötet. Und vermutlich durch einen zweiten Attentäter stirbt auch der Landrat der Bayerischen Volkspartei, Heinrich Osel (1863-1919), an seinen Schussverletzungen. Auer hingegen überlebt die dramatischen Ereignisse, denn nachdem Chirurg Sauerbruch den Attentäter Graf Arco dem Tod entrissen hat, rettet er auch ihm das Leben. „Daraufhin wurde die konstituierende Landtagssitzung vertagt", ergänzt der Stadtführer.

München befand sich in Schockstarre – die roten und schwarzen Fahnen hingen auf Halbmast – der noch am 21. Februar gebildete paritätische Zentralrat hatte für ganz Bayern Landestrauer angeordnet. „Am 26. Februar 1919 wurde die Arbeit niedergelegt und um die 100.000 Menschen nahmen an den Bestattungsfeierlichkeiten teil", schildert Max Zeidler. Der Trauerzug, der von 20 Musikkapellen begleitet wurde, startete um 9 Uhr von der Theresienwiese zum Ostfriedhof. Der in schwarze Tücher gehüllte Sarg des ersten bayerischen Ministerpräsidenten, der am 8. November 1918 den Freistaat ausgerufen hatte, wurde von Matrosen getragen. Um 10 Uhr setzte ein halbstündiges Glockengeläut ein. Im Anschluss fand die Trauerfeier statt, bei der unter vielen anderen Gustav Landauer (1870-1919) – ein jüdisch-deutscher Schriftsteller und Pazifist – eine bewegende Rede hielt: „Kurt Eisner, der Jude, war ein Prophet, der unbarmherzig mit den kleinmütigen, erbärmlichen Menschen gerungen hat, weil er die Menschheit liebte und an sie glaubte und sie wollte. Er war ein Prophet, weil er mit den Armen und Getretenen fühlte und die Möglichkeit, die Notwendigkeit schaute, der Not und Knechtung ein Ende zu machen." Wie schwer der Tod Eisners auf der Münchner Seele laste, beschreibt laut der *Revolutionszeitung* die bürgerliche Presse: „In ihrer reichen Geschichte hat die bayerische Hauptstadt wohl viele prunkvolle Leichenzüge zu verzeichnen, aber keinen, der, was Massenentfaltung anlangt, denjenigen übertrifft, der am Vorfrühlingstage des 26. Februar halb München in Bewegung setzte."

Im Anschluss an die Trauerfeier fand die Einäscherung im Krematorium des Ostfriedhofs in kleinerem Kreise statt. „Gut drei Jahre später wurde am 1. Mai 1922 im Ostfriedhof das Denkmal für die Toten der Revolution 1919 feierlich enthüllt", erzählt Max Zeidler. „Und hier sollte Kurt Eisner seine letzte Ruhestätte finden." In dem würfelförmigen Denkmal wurde seine Urne nebst einer verlöteten Urkundenkapsel beigesetzt und eine Bronzeplakette am Sockel angebracht. Berührend findet der Stadtführer den Vers von Ernst Toller (1893-1939), der sich auf der nach Westen ausgerichteten Seite des Denkmals befand: *Wer die Pfade bereitet, stirbt auf der Schwelle. Doch es neigt sich vor ihm in Ehrfurcht der Tod.*

Die ewige Ruhe hielt jedoch nicht lange, denn dem NS-Stadtrat

Hans Zöberlein (1895-1964) war das Denkmal ein Dorn im Auge, deshalb forderte er nach der sogenannten Machtergreifung 1933 den Abriss. Der Münchner Stadtrat entschied dies im Juni 1933 mehrheitlich, und so wurde es kurz darauf zerstört. Denn ein Grabmal, das Kurt Eisner und den Toten der Revolution gewidmet ist, sei „ein Ärgernis für jeden guten Deutschen und alten bayerischen Soldaten". Den Worten folgten Taten, das Denkmal musste weichen, und die Urne von Kurt Eisner, die Urkundenkapsel sowie die Plakette wurden entfernt. „Nicht nur mit Eisner verfuhren die Nationalsozialisten so", erklärt Politikwissenschaftler Zeidler, „sondern auch mit seinem Grabredner Landauer, der auf dem Waldfriedhof begraben worden war."

Die beiden Urnen sollten an die Israelitische Gemeinde München übergeben werden. Die war jedoch irritiert und antwortete am 27. Juni 1933: „[…] beehren wir uns mitzuteilen, dass wir derzeit nicht feststellen können, ob die Genannten bei Eintritt des Todes dem israelitischen Bekenntnis angehört haben". Dennoch zeigte sich die Gemeinde kompromissbereit: „Wir wollen aber keine Schwierigkeiten schaffen und erklären uns bereit, die Urnen entgegen zu nehmen und sie einstweilen der Erde zu übergeben." Obendrein übernahm die Gemeinde auch noch die Kosten.

Das Revolutionsdenkmal am Ostfriedhof wurde im Jahre 1955 in kleinerer Dimension vom Giesinger Bildhauer Konstantin Frick wiederhergestellt, auch der Vers von Ernst Toller ist wieder auf dem Denkmal zu finden. Die Urne von Kurt Eisner fand dort keinen Platz mehr. Sie befindet sich immer noch auf dem Neuen Israelitischen Friedhof, zumal eine Umbettung im Judentum nicht vorgesehen ist.

Kurt Eisners Urne wurde im gleichen Grab, in dem auch Gustav Landauer bestattet ist, beigesetzt. So haben sie hier nun also ihre letzte Ruhe gefunden. Seite an Seite. Und hoffentlich für die Ewigkeit.

Hier befanden sich Urne und Plakette:

Die Urne des ersten bayerischen Ministerpräsidenten Kurt Eisner war in einem mit einer bronzenen Plakette versehenen Revolutionsdenkmal auf dem Ostfriedhof aufbewahrt.

Der Wintergarten wurde links neben dem Nationaltheater auf das bereits vorhandene Hofopernhaus aufgesetzt.

Maximilians Wintergarten

Sehnsucht nach Wärme

Maximilian II. Joseph (1811-1864) reiste gerne, insbesondere der Süden hatte es ihm angetan. Seine Reiselust hatte auch gesundheitliche Gründe, denn seit einer Typhuserkrankung 1835 war er gesundheitlich eingeschränkt, und im Süden ging es ihm besser. „Er galt als kränklich und litt auch immer wieder unter schweren Kopfschmerzattacken", berichtet Elisabeth Lehmann über die Befindlichkeiten des Königs. Schon lange bevor er am 20. März 1848 nach der Abdankung seines Vaters Ludwig I. (1786-1868) die Regierungsgeschäfte übernahm, sehnte sich

Wo heute das Residenztheater steht, erstreckte sich früher das Hofopernhaus - und obendrauf der Wintergarten.

der Kronprinz nach den wärmenden Sonnenstrahlen, die er zuvor bei Reisen nach Griechenland und Italien so genossen hatte. Doch stattdessen plagte er sich im kalten und harten Winter in der schlecht geheizten Residenz. „Sowohl sein Wohlbefinden als auch seine Gesundheit waren dadurch erheblich beeinträchtigt", verdeutlicht die Wahlmünchnerin.

Maximilian suchte also nach einer Möglichkeit, den Sommer rund ums Jahr nach München zu holen. Und so kam er auf die Idee, einen Wintergarten zu bauen. Zunächst wollte er seinen Traum „in seinem prinzlichen Wohnsitz, dem von Gärtner errichteten, heute zerstörten Wittelsbacher Palais an der Brienner Straße" verwirklichen, schreibt Christian Quaeitzsch in seinem Aufsatz *Wo der König persönlich im Glashaus sitzt…* Der Kronprinz ließ entsprechende Pläne erstellen, doch als er sie zu Gesicht bekam, war er enttäuscht. Er wollte doch so viel mehr! In seiner Vorstellung war sein Wintergarten „ein riesiger Eisen-Glas-Bau, der sich in drei Portalen zum Marstallplatz öffnen sollte, während die dahinter anschließende Halle, randvoll mit gut gepflegten tropischen Pflanzen, den Raum zwischen Königsbau und der klassizistischen Tempelfront des Nationaltheaters füllen sollte", so Quaeitzsch.

Doch dem Vorhaben lagen im wahrsten Sinn des Wortes Steine im Weg, denn auf dem Platz zwischen Königsbau und Nationaltheater, wo der Kronprinz seinen Wintergarten gern gesehen hätte, stand bereits ein anderes Gebäude: das Hofopernhaus. Und der Mitte des 18. Jahrhunderts errichtete Bau blieb auch, wo er war. „Denn der geschichtsinteressierte Maximilian wollte ein so bedeutsames Gebäude nicht abreißen, um seinen Wintergarten zu bauen", berichtet Elisabeth Lehmann. Er ließ das Hofopernhaus schlicht um den Wintergarten aufstocken. „Seinerzeit war eine solche stilistische Kombination alt/neu mindestens so gewagt und dürfte ebenso kontrovers diskutiert worden sein wie vergleichbare Baupläne heute – die Kommentare des damaligen Publikums werden nicht nur königstreu gewesen sein", ordnet Quaeitzsch die Pläne ein.

Blick in den historischen Wintergarten von Maximilian II.

Umsetzen durfte dieses spektakuläre Projekt der Architekt August von Voit (1861-1927), ein Fachmann dieses Baustils, bei dem Gebäude aus Stahl und Glas konstruiert wurden. Selbiger hatte durch den Bau des Crystal Palace, das Hauptgebäude der ersten Weltausstellung 1851 in London, weltweite Berühmtheit erlangt.
Von der Aufstellung der ersten Stahlstütze für den Wintergarten 1851 bis zur Fertigstellung vergingen drei Jahre.

„Hinter der gläsernen Front, die sich über der Theaterfassade zwischen Königsbau und Nationaltheater aufspannte, legte Maximilians Hofgartendirektor Carl Effner zwischen gewundenen Wegen Rasenflächen und Brunnenbassins mit Fontänen an", beschreibt Quaeitzsch die Innenausstattung. „Entlang ihrer Ränder und zwischen den Dachpfeilern wucherten subtropische Busch- und Hängepflanzen – allerdings schön ordentlich gestutzt und in biedermeierlicher Ordnung." Maximilian liebte seinen Dachgarten und verbrachte sehr viel Zeit unter den großen Glasfenstern.

„Umso bedauerlicher, dass Maximilians Zufluchtsort im Jahr 1922 abgetragen wurde, die Gründe dafür sind unbekannt."

„Umso bedauerlicher, dass Maximilians Zufluchtsort im Jahre 1922 abgetragen wurde, die Gründe dafür sind unbekannt", sagt Elisabeth Lehmann.
Auch dem Hofopernhaus war das Glück nicht sehr viel mehr gewogen: Er wurde 22 Jahre später am 18. März 1944 bei einem Bombenabgriff zerstört.

Hier stand der Wintergarten von Maximilian II.:

Die Glas-Stahlkonstruktion war auf das Hofopernhaus aufgesetzt worden, an dessen Stelle heute das Residenztheater am Max-Joseph-Platz 1 steht.

Die Heiliggeistkirche und das umliegende Heiliggeistspital mit seinen verschiedenen Gebäuden nach dem Sandtnerschen Stadtmodell.

Heiliggeistspital

Mit dem Breznreiter zum Viktualienmarkt

Die erste Gebäranstalt Deutschlands zu sein – das ist schon was! Dass das Heiliggeistspital das für sich verbuchen konnte, ist das Ergebnis einer langen Geschichte, die Anfang des 13. Jahrhunderts beginnt, als Herzog Ludwig I. von Bayern (1173-1231) vor dem Haupttor im Osten der Isarstadt das Spital gründete. Um Gebärende ging es zunächst jedoch nicht, zumindest nicht primär, Hauptziel war es, dort Pilger, Kranke und bedürftige Alte zu versorgen. Eine Urkunde von Papst Innozenz IV. (1195-1254), die auf den 31. Oktober 1250 datiert,

Die mehrfach umgebaute Heiliggeistkirche wurde im Zweiten Weltkrieg bis auf die Außenmauern zerstört und danach wiederaufgebaut.

belegt das Spital erstmals.

Die Bürger zeigten großes Interesse am Spital, das ab 1271 zur eigenen Pfarrei und zeitweise von den Brüdern vom Heiligen Geist geführt wurde. Die Münchner spendeten und stifteten eifrig und halfen so beim Unterhalt des Spitals mit. Das hatte allerdings nicht immer nur rein altruistische Gründe. Wer spendete, tat das für sein Seelenheil. Manchmal zumindest. Dr. Manfred Peter Heimers beschreibt in der Festschrift *800 Jahre Heiliggeistspital-Stiftung* die an die Spenden geknüpften Hoffnungen: „Es standen dahinter aber ebenfalls christliche Nächstenliebe und Barmherzigkeit und sicherlich auch ein gewisses Maß an Selbstdarstellung."

Die aufsehenerregendste Stiftung dürfte die von Burkhard und Heilwig Wadler gewesen sein: Das Ehepaar gab neben einer wöchentlichen Speisung und einer jährlichen Sonderspeisung der Spitalinsassen immer in der Nacht zum 1. Mai eine Brezenspende an die Armen der Stadt. Daran wäre nichts Spektakuläres, doch die Wadlers ließen die

Brezngabe an der Spitalpforte von einem Schimmelreiter verkünden – und machten damit noch Jahrhunderte nach ihrem Tod von sich reden. So lange dauerte die 1318 begonnene Stiftung übrigens auch an: Bis ins Jahr 1801 wurde sie fortgeführt. Für' s Seelenheil der spendablen Eheleute dürfte also gesorgt gewesen sein.

Ab 1451 wurden auch Findel- und Waisenkinder, geistig Behinderte und Geisteskranke aufgenommen. Zudem wurde das Spital erweitert: Nach einer Rauchstube für Infektionskranke 1517 wurde 1589 eine Gebärstube für unverheiratete Frauen errichtet – was das Heilig-Geist-Spital dann eben zur ältesten Geburtshilfeanstalt Deutschlands machte.

Eine weitere Personengruppe, die das Spital dauerhaft bewohnte, waren die Pfründer, also ältere Bürger der Stadt, die sich im Haus einkauften und dafür Speis und Trank sowie Pflege erhielten. Sie wurden mit der Zeit immer be-deutender für das Heilig-Geist-Spital, weil sie für ihren Aufenthalt bezahlten und das Spital häufig auch in ihrem Testament bedachten. Es gab aber durchaus nicht nur reiche Pfründer: „So verwandelte sich das Münchner Spital bis ins 16. Jahrhundert zu einer Versorgungsanstalt für gebrechliche, pflegebedürftige oder alte Menschen", schreibt Heimers in der Festschrift. „Für den Einkauf ins Spital entwickelte sich ein dreiklassiges System von reichen, mittleren und armen oder gewöhnlichen Pfründen, das über die Versorgung entschied." Während die mittleren und reichen Pfründer separat untergebracht waren, mussten die armen Arbeitsleistungen erbringen, ob ein völlig Mittelloser aufgenommen wurde, entschied der Stadtrat. „Die ursprüngliche Aufgabe des Spitals, die Sorge der Gemeinschaft für die Bedürftigen, geriet also nie ganz in Vergessenheit", schreibt Heimers.

„So verwandelte sich das Münchner Spital bis ins 16. Jahrhundert zu einer Versorgungsanstalt für gebrechliche, pflegebedürftige oder alte Menschen."

Doch schon bald stieß das Spital an seine Kapazitätsgrenzen: Es war schlicht nicht mehr möglich, allen Aufnahmewünschen zu entsprechen. Deshalb konnten neue Pfründer nur noch dann einen Platz bekommen, wenn zuvor Bewohner verstorben waren.

Sowohl die Stadt als auch die Landesherren forderten das Spital im 17. Jahrhundert auf, kosteneffizienter zu arbeiten. „Kraut und Rüben beherrschten nun den Speisenplan. Naturalleistungen wurden durch kostengünstigere Geldleistungen ersetzt", berichtet Manfred Peter Heimers.

Das Ende des 18. Jahrhunderts brachte große Veränderungen für die Infrastruktur des Heilig-Geist-Spitals. An die Gebärstube wurde 1782 eine Hebammenschule für ganz Bayern angegliedert, die Kinder- und Findelstube zog 1784 in ein eigenes Haus in der heutigen Nußbaumstraße. 1803 wurde auch die Gebärstube im Heilig-Geist-Spital aufgelöst und ebenfalls in die Nußbaumstraße verlegt. „Das Heiliggeistspital war damit zu einer reinen Versorgungsanstalt für alte Menschen hauptsächlich aus ärmeren Bevölkerungsschichten geworden", fasst Heimers das Ergebnis der Veränderungen zusammen.

Mit der Aufhebung der kommunalen Selbstverwaltung 1806 wurde aus dem Heilig-Geist-Spital eine staatliche Einrichtung. „In der Obhut des Staates ging es dem Spital nicht unbedingt besser", schreibt Heimers, denn „so wurde 1807 der Viktualienmarkt in den Spitalhof verlegt. Zu diesem Zweck wurden vier der Benefiziatenhäuser abgebrochen." Zwar erhielt die Stadt 1817 die Verwaltung des Spitals wieder zurück, doch durch den Viktualienmarkt und die Vernachlässigung der Bauten waren diese mittlerweile in einem so schlechten Zustand, dass die letzten verbliebenen Bewohner am 1. Oktober 1823 in das ehemalige Kloster in der Mathildenstraße verlegt werden mussten. Der Viktualienmarkt hingegen blieb an seinem Platz.

So wurde eine Einrichtung, die sechs Jahrhunderte überdauert hatte, Stein für Stein vor den Augen der Besucher des Viktualienmarktes abgetragen.

Hier stand das Heiliggeistspital:

Das Heiliggeistspital erstreckte sich auf der Fläche des heutigen Viktualienmarkts um die Heiliggeistkirche.

Das „Yellow Submarine" lockte die Münchner in Scharen zu seinen Haifischbecken.

Yellow Submarine

Haie in Schwabing

„We all live in a yellow submarine, yellow submarine, yellow submarine." Wer kennt sie nicht, die legendären Zeilen des Beatles-Songs *Yellow Submarine* vom Album *Revolver* aus dem Jahr 1966? Geschrieben und komponiert wurde der Nummer-1-Hit über das Gelbe Unterseebot von Paul McCartney als Kinderlied, in dem ein Seemann sein Leben auf rauer See beschreibt. Zwei Jahre später wurde der Song sowohl zum Titellied als auch zum Namensgeber eines gleichnamigen Zeichentrickfilms. Ende der 1960er- und Anfang der 1970er-Jahre war der Hit also in aller

Heute erinnert nichts mehr an die legendäre Haifischbar in der Leopoldstraße.

Ohren. Kein Wunder, dass sich Otto Schnitzenbaumer (1922-2012) 1971 dachte, Yellow Submarine sei ein guter Name für die außergewöhnliche Diskothek, die er zu eröffnen plante. Der abgesetzte Flachdachbau war Teil des Hotels Holiday Inn und lag neben dem 1973 eröffneten Einkaufs- und Freizeitzentrum Schwabylon. „Man tauchte beim Betreten sofort in eine andere Welt ab", berichtet Martin Schmitt-Bredow, der den Club gerne besucht hat, über seine ersten Eindrücke. Denn das Konzept war einzigartig in Deutschland, ja sogar in ganz Europa. „Man kann es sich wie ein aufgestelltes U-Boot vorstellen. Man meinte, an Bord eines kreisförmigen Bootes zu sein", beschreibt der Münchner die Location.

„Da kam schon so etwas wie James-Bond-Feeling auf, wenn man seinen Cocktail Auge in Auge mit einem Hai schlürfte."

Die Diskothek erstreckte sich über drei Stockwerke und war von einem riesigen Aquarium umgeben. „Da kam schon so etwas wie James-

Bond-Feeling auf, wenn man seinen Cocktail Auge in Auge mit einem Hai schlürfte", erinnert er sich wehmütig. Denn in dem 650.000 Liter fassenden Meerwasseraquarium tummelten sich 36 Haie und einige Riesenschildkröten, die durch die Bullaugen betrachtet werden konnten. Der Eintritt kostete 6 Mark und das Yellow Submarine mauserte sich schnell zu *dem* In-Treffpunkt der High-Society, die dort nicht nur das Tanzbein schwang, sondern sich auch Haiflossensuppe oder gegrillten Hai schmecken ließ.

Max Zeidler kämpfte lange für den Erhalt des Yellow Submarine.

„Das Yellow Submarine war ein architektonisches Pop-Denkmal", erzählt Max Zeidler. Im Gegensatz zu Schmitt-Bredow hat er die sogenannte Haifischdisco nie in Betrieb gesehen – schlicht, weil er, geboren 1975, zu jung ist. Dennoch fühlt er sich der Münchner Ikone der Discozeit verbunden, denn beim Stöbern in den Büroräumen seines Vaters machte er eine unerwartete Entdeckung: Er fand kistenweise PR-Material, Pressemitteilungen und Fotos sowohl zum Yellow Submarine als auch zum Schwabylon. Die Erklärung für den Fund ist simpel: Sein Vater, der den gleichen Vornamen trägt, betrieb damals die immer noch aktive Presseagentur intervox, und die war für die gesamte Öffentlichkeitsarbeit des Unternehmens zuständig. Beim Blättern durch die Unterlagen war Max Zeidler beeindruckt. Er sagt: „Ich bin auch heute noch fasziniert von den Informationen und der Eleganz der Fotos aus dem intervox-Archiv."

Doch die Kosten für das aufwendige Aquarium – im Juni 1971 beispielsweise musste die Feuerwehr wegen Überflutung aufgrund eines Defekts anrücken –, und das Futter für die exotischen Tiere wurden irgendwann so hoch, dass sich die Leitung entschied, das Wasser aus dem Becken abzulassen und die Tiere weiterzugeben. Deshalb wurde das Konzept bei einer späteren Neueröffnung in den 1980er-Jahren ebenso geändert wie der Name. Die Disco hieß nun „Aquarius". Doch auch diese war nicht sonderlich erfolgreich: Ab 1982 befand sich die in den 70er-Jahren spektakuläre Unterwasserdiskothek nahezu in einem Dornröschenschlaf. Via Hoteldirektion war die Location zwar noch für einzelne Veranstaltungen buchbar und erlebte als „Fridays" in den späten neunziger Jahren noch einen Aufschwung – aber an den Erfolg der Anfangsjahre konnte nicht mehr angeknüpft werden.

„Das Yellow Submarine war ein architektonisches Pop-Denkmal."

Und auch wenn Max Zeidler, als er 2011 von den Abrissplänen erfuhr, alle Hebel in Bewegung setzte: Er vermochte das Gebäude nicht zu retten. 2013 versenkte eine Abrissbirne das Gelbe Unterseeboot.

Hier stand das Yellow Submarine:

Es war in einem Flachbau untergebracht, an dessen Stelle heute auf dem Areal des Schwabinger Tors eine Betonbank, Rasen und ein Fußgängerweg zu finden sind - etwa auf Höhe der Leopoldstraße 194.

Der Turm an der Winthir-Apotheke war der Blickfang des Rotkreuzplatzes.

Turm

Tiroler Wahrzeichen in München

Das Steinerne Paar auf dem Rotkreuzplatz hat auf Kinder eine regelrecht magische Anziehungskraft. Kein Wunder, lässt es sich auf den Steinen des Brunnens doch wunderbar klettern, und dank der Wasserfontänen kann man sich im Sommer obendrein noch herrlich abkühlen. „Auch die Erwachsenen kommen nicht zu kurz", verspricht Grit Ranft, „denn rund um den Brunnen gibt es viele Cafés, Restaurants und eine legendäre Eisdiele, die für das leibliche Wohl sorgen."

Dem war nicht immer so: Als Neuhausen noch ein winziges Dorf

Zwar gibt es die Winthir-Apotheke heute noch, doch ihr schöner Turm ist längst Vergangenheit.

war, befand sich auf dem heutigen Rotkreuzplatz ein kleiner Weiher, an dem Kühe getränkt wurden. Und während das Vieh seinen Durst stillte, konnten die Bauern beobachten, wie die prächtigen Kutschen der Wittelsbacher Herrscherfamilie vom Fürstenweg – heute Nymphenburger Straße – Richtung Schloss Nymphenburg abbogen. Im Laufe der Jahrhunderte entwickelte sich aus den einzelnen Fahrwegen nach Sendling und Richtung Hirschgarten eine belebte Straßenkreuzung, an der sich heute die Wendel-Dietrich-Straße, die Leonrodstraße und die Donnersbergerstraße mit der Nymphenburgerstraße treffen.

Nachdem Neuhausen gegen Ende des 19. Jahrhunderts durch die Trambahn ans Münchner Straßennetz angeschlossen worden war, wurde dieser Platz schnell auch für Geschäftsleute interessant. „Um 1928 war der Rotkreuzplatz ein richtiger Verkehrsknotenpunkt und so belebt, dass man oft vom ‚Stachus von Neuhausen' sprach. Man konnte hier in einem großen Kaufhaus wunderbar einkaufen, ins Kino gehen oder sich mit Freunden in der Wirtschaft treffen", ergänzt die

Münchnerin. Wo die Menschen früher auf ihre Tram warteten, steigen die Fahrgäste heute die Stufen zur U-Bahn hinunter.

Nicht nur der mittlerweile verkehrsberuhigte Platz sieht inzwischen anders aus, auch die umliegende Bebauung unterscheidet sich deutlich. „Wahrzeichen des Rotkreuzplatzes war vor der zerstörenden Bombardierung während des Zweiten Weltkriegs der Turm der alten Winthir-Apotheke", berichtet Grit Ranft und zeigt auf die Ecke des Hauses Nymphenburgerstraße 160.

In Auftrag gab diesen besonderen Blickfang der Apotheker Heinrich Buchner. Der 1849 in München Geborene übernahm die Winthir-Apotheke in Neuhausen 1882 von Joseph Guilelmo. Dieser hatte sein Unternehmen, das damals noch Löwen-Apotheke hieß, vier Jahre zuvor von Nymphenburg nach Neuhausen verlegt: Grund war die höhere Bevölkerungszahl, von der er eine größere Kundenfrequenz erwartete. „Am neuen Standort gab er seiner Apotheke dann den neuen Namen", erklärt die Münchnerin, „denn Winthir ist der Schutzpatron von Neuhausen." Und auch ansonsten fand Guilelmo den Namen für eine Apotheke passend: Die Bauern von Neuhausen hatten 1738 eine Schrift verfasst, nach der der Volksprediger Winthir ihnen bei zahlreichen Krankheiten geholfen habe.

Als Heinrich Buchner die Apotheke 1882 übernahm, beauftragte er den Architekten Leonhard Romeis (1854-1904) mit den Planungen für ein neues Gebäude. Damals wurden noch mehr Arzneimittel in den Apotheken selbst hergestellt als heute. Dafür gab es genaue Vorschriften, sodass die Apotheken neben Verkaufsräumen auch Platz für ein Laboratorium, unterschiedlich temperierte Vorratsräume und einen Kräuterboden benötigten.

„Wer auf die Idee kam, den Neubau mit dem auffälligen Turm zu versehen, kann man nicht sagen", berichtet Grit Ranft, die sich intensiv mit der Baugeschichte ihrer Heimatstadt beschäftigt hat, „aber spektakulär war sie allemal." Als Vorbild diente der Münzerturm der Burg Hasegg in Tirol.

Mit rund 70 Jahren setzte sich der Bauherr der im neoromanischen Stil erbauten Apotheke 1920 zur Ruhe und verpachtete sein Geschäft. Nach seinem Tod wollte sich seine Witwe Maria Buchner nicht von dem schönen Bauwerk trennen und verpachtete die Räumlichkeiten weiterhin an verschiedene Apotheker. Als 1941 auch sie gestorben war, erwarb Dr. Hermann Vogel die Apotheke und stand ab 1942 als Chef hinter der Theke. Doch er sollte nicht lange Freude daran haben: Am 4. Oktober 1944 wurde das Gebäude samt Turm während eines Luftangriffs zerstört. Da nun in Neuhausen alles in Trümmern lag, übernahm Vogel zunächst eine Apotheke in Pfronten. 1948 kehrte er nach München zurück und eröffnete die Win3thir-Apotheke wieder. „Allerdings jetzt in der Nymphenburger Straße 154“, berichtet Grit Ranft, „erst 1951 zog die Winthir-Apotheke wieder an ihren angestammten Platz.“ Der Familienbetrieb wurde mehrfach baulich verändert, um den aktuellen wissenschaftlichen und technischen Anforderungen Rechnung zu tragen.

Grit Ranft hat sich mit der Geschichte ihrer Heimatstadt befasst.

Die Bomben im Zweiten Weltkrieg trafen nicht nur die Winthir-Apotheke, sondern der gesamte Platz mit seiner großartigen Bebauung wurde zerstört. „Wirklich sehr schade, hier ist kein einziges Gebäude im Vorkriegszustand erhalten geblieben“, weiß die Stadtteilspezialistin. Immerhin: Inzwischen gibt es ein neues Wahrzeichen: das 1965 eröffnete Schwesternhochhaus des Rotkreuzklinikums. Und da es mit seinen 55 Metern den Stadtteil markant überragt, kann man mit Fug und Recht behaupten: Der einstige Rotkreuzplatz hat wieder einen Turm. Wenn auch keinen so schönen wie den, der einst die Winthir-Apotheke zierte.

Hier stand der Turm:

Er war an das Apothekengebäude angebaut, das in der Nymphenburger Straße 160 stand.

Für Adele Spitzeder warfen sich die zunächst dankbaren Kunden im wahrsten Wortsinne zu Boden.

Dachauer Bank

Zu schön, um wahr zu sein

In der Schönfeldstraße 9 gab es einst einen Anziehungspunkt für viele Bauern und Arbeiter, die vor allem aus dem Dachauer Umland stammten: Sie hofften auf den großen Wurf und darauf, sich finanziell unabhängig zu machen. „Manch einer mag vielleicht auch mit einer gewissen Skepsis dorthin aufgebrochen sein“, schildert Dr. Claudia Wagner die Motivation der kleinen Leute, „aber die Hoffnung auf schnellen und großen Gewinn war dann doch stärker.“ Geschürt wurden diese Hoffnungen von Adele Spitzeder (1832-1895). Ihr Vater hatte als Opernsänger am Münchner Hoftheater ein

Heute werden in der Schönfeldstraße keine großen Gewinne mehr versprochen.

Engagement erhalten, war jedoch bereits nach der ersten Aufführung verstorben, und so musste ihre Mutter das kleine Mädchen samt ihren Stiefgeschwistern allein durchbringen. „Das führte dazu, dass Adele meist bei Verwandten untergebracht war“, beschreibt die Münchnerin die traurigen Umstände des Heranwachsens. Auch Adele zog es auf die Bühne, sie ließ sich als Schauspielerin ausbilden. Zwar erhielt sie diverse Engagements außerhalb Münchens, doch großer Erfolg wollte sich nie einstellen, und so kehrte sie mit 36 Jahren mittellos in die Stadt zurück, in der sie aufgewachsen war.

„Da kam ihr die Idee, selbst das zu machen, dessen Opfer sie geworden war: Geld verleihen.“

„In München war sie Wucherern in die Hände gefallen und lebte, bis über den Stehkragen hinaus verschuldet, von der Hand in den Mund“, schreibt Dieter Dörfler in den *Chiemgau Blättern* des *Traunsteiner Tageblatts*. „Da kam ihr die Idee, selbst das zu machen, dessen Opfer sie geworden war:

Geld verleihen", interpretiert Claudia Wagner die Motivation der Adele Spitzeder, sich im Bankwesen zu engagieren. Die Umsetzung ließ nicht lange auf sich warten: Adele startete mit einer Krämerin einen Versuchsballon. Wenn diese Geld bei ihr anlege, erklärte die geschäftstüchtige Dame, erhalte sie acht Prozent Zinsen im Monat. Sie musste nicht lange warten, bis ein erster Anleger anbiss – zwar nicht die Krämerin, aber ein von ihr vermittelter Zimmermann gab Adele 100 Gulden. Im Gegenzug erhielt er einen Wechsel mit vereinbarter Laufzeit von drei Monaten. 16 Gulden, also die Summe von zwei Monatszinsen, gab ihm die Spitzeder als Barleistung bereits im Voraus. „Als er nicht nur die Zinsen, sondern auch den Wechsel voll eingelöst erhielt, erzählte er bei seinen Freunden in Dachau, dass man bei der Spitzeder sein Geld mit weit höheren Zinsen als bei den Banken anlegen könne", führt Dieter Dörfler weiter aus. „Das war der Startschuss für Adele Spitzeders Karriere, viele wollten nun bei der ungewöhnlichen Bankerin ihr Vermögen anlegen", ergänzt Claudia Wagner.

Claudia Wagner hat sich mit der geschäftstüchtigen Bankerin beschäftigt.

Je mehr Gulden sie einnahm, desto nobler wohnte die ehemalige Schauspielerin. Als sie jedoch der Hotelier des Luxushotels „Zum Deutschen Haus" wegen des ganzen Trubels, den sie, ihre Mitarbeiter und ihre Anleger verursachten, vor die Türe setzte, kaufte sie das Anwesen in der Schönfeldstraße. In der Folgezeit richtete sie es zusammen mit ihrer Lebensgefährtin nach ihren Bedürfnissen ein und nannte ihr Unternehmen fortan „Dachauer Bank". Von dem Erfolgsmodell angezogen, strebten immer mehr

Anleger herbei, daher kaufte die Geschäftsfrau kurzerhand auch noch das gegenüber gelegene Gasthaus „Zum Wilhelm Tell“, in dem die Geldgeber auf einen Termin bei Frau Spitzeder warten und im Zweifel sogar dort übernachten konnten.

Das Geschäftsgeheimnis der Dachauer Bank bringt Dieter Dörfler auf den Punkt: Von den Geldern der ersten Gläubiger „wurden großzügig Zinsen und Provisionen für die Vermittlung von weiteren Kunden ausbezahlt“. Dass aber nicht alles mit rechten Dingen zuging, zeigte der Umgang mit den Finanzen: Nicht nur, dass diese ungeordnet in Kästen und Schränken verwahrt wurden, auch Adele Spitzeder samt ihren Angestellten bediente sich reichlich aus den Beständen. Eine Buchführung gab es nicht, lediglich Aufzeichnungen über die Einzahlungen und Auszahlungen. „Mit viel Geschick und eben vor allem durch ihren großen Erfolg gelang es der ehemaligen Schauspielerin dennoch, ihrer Bank eine gewisse Seriosität zu geben. Sie investierte die Gelder auch in Immobilien und gründete sogar eine Armenküche“, beschreibt Claudia Wagner das Vorgehen der Betrügerin. „Auch die eine oder andere mehr als großzügige Spende an die daraufhin wohlwollende Presse und den Klerus zeigte Wirkung.“

Porträt der Adele Spitzeder. Veröffentlicht in der Gartenlaube, *1873.*

Doch die Beschwerden mehrten sich, Adele Spitzeder und ihre Dachauer Bank wurden immer heftiger von Zeitungen, Gläubigern und Stadtverwaltung angegriffen. „Es handelte sich wohl um das erste

Schneeballsystem der Bankgeschichte", erklärt die Münchnerin. Sicherlich haben auch die anderen Bankhäuser Druck ausgeübt, denn denen liefen die Kunden in Scharen davon. „Die Gläubiger von Adele Spitzeder haben nicht selten sämtliche Konten leergeräumt, sogar Haus und Hof verkauft, um bei ihr investieren zu können."

Das Grab der Adele Spitzeder befindet sich auf dem Alten Südfriedhof in München.

Drei Jahre konnte Adele Spitzeder ihre Bank betreiben, bevor sich die am Horizont aufgezogenen dunklen Wolken in einem Donnerwetter entluden: Die Behörden überredeten einige Anleger, ihre Gelder sofort zurückzufordern. Dem konnte die Dachauer Bank nicht gerecht werden, und so wurde der Betrug offensichtlich. Die entsetzten Anleger aus dem Dachauer Umland demonstrierten und verlangten die Herausgabe ihres Vermögens. Nur unter Polizeischutz und über den Hinterausgang konnte sich Adele Spitzeder in Sicherheit bringen. Doch es half alles nichts, sie musste sich schließlich im Juni 1873 vor Gericht verantworten.

Spitzeder war sich nach eigener Aussage keiner Schuld bewusst, denn schließlich habe sie niemanden gezwungen, bei ihr Geld anzulegen. Auch habe sie nie behauptet, Bankerin zu sein oder sich gar mit Buchhaltung auszukennen. Deshalb traf sie das Urteil – drei Jahre Zuchthaus – hart, denn auch als die Zahlen auf dem Tisch lagen und die Schulden viermal so hoch waren wie ihr Vermögen, hielt sie sich noch für unschuldig. „Sie nahm ihre Strafe an und nutzte die Zeit im Gefängnis, um ihre Memoiren zu schreiben und erneut große Pläne zu schmieden", erzählt Claudia Wagner. Eine Brauerei wollte sie ihr Eigen nennen, ein Restaurant eröffnen und in Nymphenburg gar eine Rennbahn bauen. Doch aus diesen Plänen wurde nichts, und auch als Schauspielerin konnte sie nicht mehr Fuß fassen. Einige Gönner, die zu Beginn bei der Dachauer Bank ein Vermögen hatten erzielen können, ermöglichten ihr aber immerhin ein bescheidenes Leben.

„Es handelte sich wohl um das erste Schneeballsystem der Geschichte."

Hier stand einst die Dachauer Bank:

Sie befand sich in der Schönfeldstraße 9. Gegenüber lag das Gasthaus „Zum Wilhelm Tell".

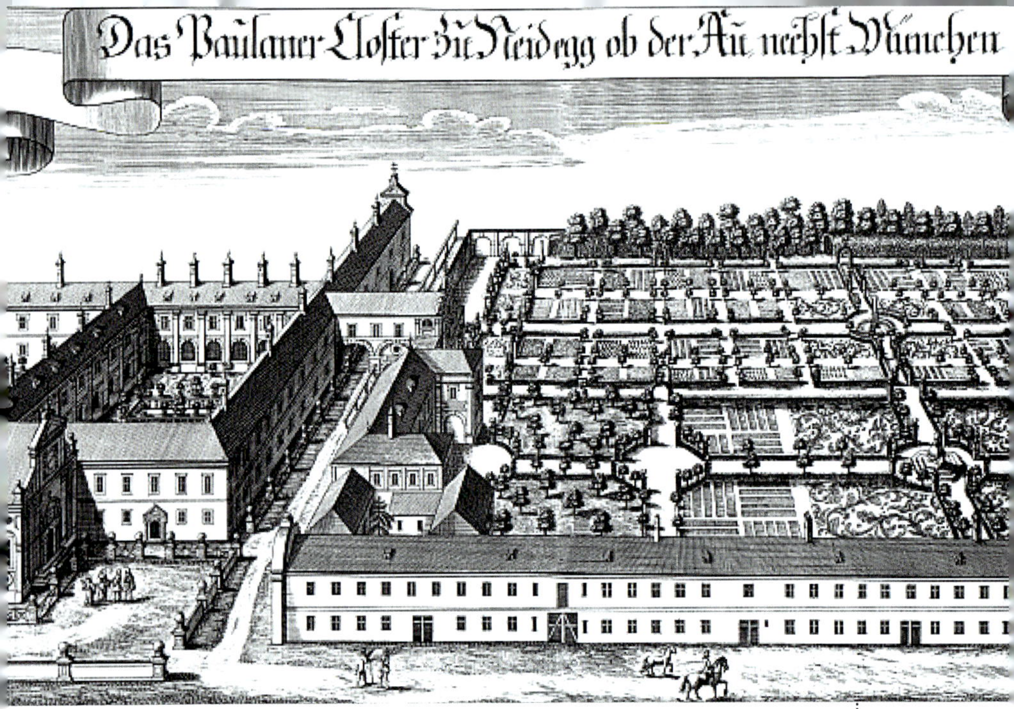

Die Klosteranlage der Paulaner auf einem Stich von Michael Wening 1702.

Paulanerkloster

Vom Fastengetränk zum Verkaufsschlager

Lange mussten die Paulanermönche auf diesen Tag warten: Am 26. Februar 1780 erteilte ihnen Kurfürst Karl Theodor (1724-1799) endlich die „allgemeine Ausschankgenehmigung". Jetzt durften die Paulaner ihr Bier nicht nur selbst genießen, sondern es auch offiziell in der Au verkaufen. „Damit machten sich die Ordensbrüder bei ihren Nachbarn nicht allzu beliebt", hat Gästeführerin Liane Reithofer herausgefunden. Und das, wo man den Mönchen doch zuvor so großen Respekt entgegengebracht hatte!

Doch der Reihe nach: Die Paulaner übernahmen das Kloster und

Heute steht das Landratsamt an der Stelle, wo sich einst das Paulanerkloster befand.

die frühbarocke Kirche in der Münchner Au im Jahr 1627 von den Mönchen des Heiligen Blasius und erweiterten es ab 1660 mit großzügiger finanzieller Unterstützung des Kurfürsten Ferdinand Maria (1651-1679) zum Kloster Neudeck. Christine Riedl-Valder schreibt in einem Aufsatz für das Haus der Bayerischen Geschichte von „einer beeindruckenden Klosteranlage, deren Konventgebäude um zwei Höfe gruppiert sind. Der Beschreibung zufolge führte ein überdachter Gang über die anschließende Straße und mündete dort in einen großen, prachtvollen Garten mit Springbrunnen, Laubengängen und Broderien, die noch unter Herzog Wilhelm V. angelegt worden waren."

Bei der Bevölkerung waren die bescheiden auftretenden Mönche sehr beliebt. „Die Bürger bedachten die Ordensbrüder mit Spenden, und auch das eine oder andere Anwesen wurde ihnen überschrieben", hat Liane Reithofer recherchiert. Zu der bescheidenen Lebensweise gehörte auch ein strenger Fastenplan: „Die Paulaner mussten sich sehr karg ernähren, die vorgeschriebene Nahrung bestand aus einer ziemlich einseitigen, mehr oder weniger veganen Kost", ergänzt Liane Reithofer. Doch die Paulaner verzagten nicht: Sie machten sich daran, einen „herzhaften Trunk" zu brauen, der einen hohen Nährwert hat und obendrein die Geselligkeit fördert.

Da ihnen nach der Landes- und Polizeiordnung von 1616 das Brauen von Bier für den Eigenbedarf gestattet war, stand dem nichts im Wege. An den Festtagen des Ordensgründers Franz von Paola (1416-1507) durfte es auch öffentlich ausgeschenkt werden, und so floss alljährlich im Frühjahr, zur Fastenzeit, ein besonders starkes Bier in die Maßkrüge der Münchner. Zu Ehren ihres in Italien geborenen Namensgebers, der mit 19 Jahren in der Nähe seines Elternhauses den Orden der Mindesten Brüder – die Paulaner – gründet hatte, nannten die Mönche den Gerstensaft „Sankt-Vater-Öl", abgekürzt und verschliffen wurde daraus im Lauf der Jahre der „Salvator".

Das Gemälde „Kredenz-Szene" zeigt den Braumeister Frater Barnabas, der Kurfürst Karl Theodor einen Krug mit Salvator-Starkbier überreicht.

„Doch irgendwann haben es die Paulaner mit dem Passus für den eigenen Bedarf nicht mehr so genau genommen und das Bier auch an Außenstehende verkauft", schildert die Münchnerin. Da war der Streit mit den benachbarten Wirten in der Au natürlich vorprogrammiert: Es hagelte Klagen und Eingaben. Doch die Paulaner ließen sich davon nicht beeindrucken und richteten sogar eine Zechstube ein. „Sie sahen sich eher als Wohltäter der verarmten Auer Bevölkerung an", sagt Liane Reithofer, „denn sie bewirteten die einfachen Leute und die Preise der Mönche konnten sich jene auch leisten."

Allerdings schmeckte das Bier nicht nur der ärmeren Bevölkerungsschicht: Dem Kurfürsten mundete der Gerstensaft ebenfalls ganz vorzüglich. „Vom Geschmack konnte er sich immer dann überzeugen, wenn er zu einem im 18. Jahrhundert alljährlich ab dem 2. April stattfindenden achttägigen Fest zu Ehren des Ordensstifters Franz von Paola zum Hochamt in der Klosterkirche kam", ergänzt die Gästeführerin und fügt augenzwinkernd hinzu: „Darben musste er nicht, waren doch sechzehn Maß Starkbier allein für ihn reserviert."

Der damalige OB Christian Ude erhebt gemeinsam mit Uli Bauer, seinem Double auf dem Nockherberg, den Krug – mit einem Salvator!

Weil der kurfürstliche Gaumen an dem Bier so großen Gefallen fand, dachte sich der Monarch schließlich, dass der Ausschank legalisiert werden müsse – und das nicht nur an Festtagen: „Ab 1780 erlaubte dann Karl Theodor, seit 1777 Kurfürst von Bayern, den Paulanern den ganzjährigen Bierausschank", erzählt Liane Reithofer. Am Heilig-Vater-Fest 1799 habe der gesamte Hofstaat von Kurfürst Maximilian IV. Joseph (1756-1825) teilgenommen.

Gerade hatten die Paulaner also das offizielle Ausschankrecht bekommen, als auch schon alles wieder vorbei war: Infolge der frühzeitigen Säkularisation der Bettelorden wurde das Paulanerkloster bereits 1799 aufgehoben. Die Mönche mussten gehen, das Klosterbräuhaus wurde enteignet und verkauft und die frühbarocke Kirche, dieses Hauptwerk des namhaften Baumeisters Hans Krumper, profaniert. 1902, also hundert Jahre später, wurde sie abgebrochen.

Das Klosterbräuhaus aber stand noch immer: Die „Kurfürstliche Administration" übernahm den Betrieb und schrieb die Biergeschichte fort: „Nach einem weiteren Verkauf führte der Bierbrauer und Inhaber des Hallerbräus, Franz Xaver Zacherl, das Bräuhaus und stellte den

Betrieb auf eine solide wirtschaftliche Basis, die bis heute trägt", schildert Liane Reithofer. Eine weitere wichtige Station in der Brauereigeschichte war das Jahr 1861, als der Salvator-Keller auf dem Nockherberg errichtet und fortan dort Bier ausgeschenkt wurde, wodurch eine langjährige Tradition begründet wurde: Der Starkbieranstich auf dem Nockherberg, aus dem das Derblecken hervorging, das noch heute so berühmt wie beliebt ist.

Doch wie das Kloster, das im Bombenhagel des Zweiten Weltkriegs weitgehend zerstört wurde, gehört auch der früher Salvatorkeller genannte Paulanerkeller auf dem Nockherberg zu den Gebäuden, die heute nicht mehr im Original bestehen: In den frühen Morgenstunden des 27. November 1999 brannte das Gebäude ab. Alle Mann der Münchner Berufsfeuerwehr eilten herbei, außerdem sämtliche Mitglieder von Münchens Freiwilligen Feuerwehren. Mehr als 400 Feuer-wehrleute kämpften gegen die Flammen. Vor Ort war auch Münchens damaliger Oberbürgermeister Christian Ude. Er erinnert sich: „Wir mussten den Anwohnern sagen, dass sie unbedingt im Haus bleiben und die Fenster und Türen wegen der giftigen Dämpfe geschlossen halten müssen." Und weiter: „Zum Glück ist es den Feuerwehrmännern gelungen zu verhindern, dass auch die Paulaner-Brauerei in Mitleidenschaft gezogen wird. Das wäre schlimm gewesen, auch deshalb, weil sich dort ein Tank voller hochgiftigem Ammoniak befand. Ich stand in meiner Einsatzkleidung als Oberbürgermeister mit der Feuerwehr auf

Alles liegt nach verheerendem Brand in Schutt und Asche: Nur der Kronleuchter trotzte den Flammen und hängt eisern an Ort und Stelle.

dem Dach des Paulanerkellers. Es war eine unglaubliche Hitze." Der Brand habe nicht nur die Münchner, nicht nur die Bayern, sondern die ganze Nation betroffen gemacht: „Der Paulanerkeller ist ja ein Kultort. Den kennt man dank der Nockherberg-Übertragung, der Starkbierprobe, in ganz Deutschland. Millionen von Menschen sehen die Live-Übertragung jedes Jahr." Der entstandene Schaden lag in zweistelliger Millionenhöhe. 2003 wurde das Gebäude für 25 Millionen wiederaufgebaut.

„Ich stand in meiner Einsatzkleidung als Oberbürgermeister mit der Feuerwehr auf dem Dach des Paulanerkellers. Es war eine unglaubliche Hitze."

Die Nockherberg-Übertragung findet heute noch statt, immer noch verfolgen Unzählige das Spektakel im Fernsehen. Und auch der Paulanerkeller ist nach wie vor allerbestens besucht. Die Flammen haben der Beliebtheit des Veranstaltungsorts keinen Abbruch getan. Wenn die Mönche geahnt hätten, was sich aus ihrem Fastenbier einst entwickeln würde – sie hätten sicherlich einen kräftigen Schluck benötigt!

Hier stand einst das Paulanerkloster:

Die Klosteranlage befand sich längs des Mariahilfplatzes. Die wenigen heute noch erhaltenen Gebäude werden durch das Landratsamt München genutzt. Der Umriss der ehemaligen Kirche ist im Innenhof des Landratsamtes durch helle Pflastersteine angedeutet.

Blick in den Innenhof des prächtigen Josephspitals.

Josephspital

Erst der Bader, dann der Kurfürst

Als der Bader Melchior Pruggperger 1614, vier Jahre vor Ausbruch des Dreißigjährigen Kriegs, begann, auf eigene Kosten Kranke und Arme zu verpflegen, hätte er sich wohl nicht träumen lassen, dass er damit den Grundstein für das Josephspital in der heutigen Josephspitalstraße im Hackenviertel legen würde: „Als in kurzer Zeit dieses Institut durch die Menge der Verpflegten und durch viele ansehnliche Beiträge an Grösse zunahm, fand sich die damalige Stadtobrigkeit bewogen, demselben den Namen eines Spitales beizulegen und eine Verwaltung über die Anstalt aufzu-

Blick in den Innenhof der Verwaltungsgebäude auf dem ehemaligen Spitalgelände.

stellen", schreibt Anselm Martin 1834 in seinem Buch *Geschichtliche Darstellung der Kranken- und Versorgungsanstalten zu München mit medizinisch-administrativen Bemerkungen aus dem Gebiete der Nosokomialpflege*. Melchior Pruggpergers Krankenpflege hatte nun also offiziellen Charakter. 1617 übernahm Wolf Pruggberger, vermutlich sein Sohn, seine Stelle und damit auch das „Incurabilium". Dabei handelt es sich um „eine Einrichtung für Unversorgte, also für solche Menschen, um die sich niemand kümmert", schreibt Dr. Helmuth Stahleder in seiner *Chronik der Stadt München*. Ab 1618 nannte man „[d]as bisherige ‚Incurabilium' neben dem Sendlinger Tor […] nun ‚St. Joseph-Spittal' ".

„Eine Einrichtung für Unversorgte, also für solche Menschen, um die sich niemand kümmert."

Das Spital erfreute sich großer Beliebtheit und stieß somit bald an seine Kapazitätsgrenzen. Am 4. Juni 1626 verlegten Kurfürst Maximilian I. (1573-1651) und seine Gattin Elisabeth Renata von Lothringen (1574-1635) das „St.Josephspital ‚für kranke und schadhafte Personen' von der Stadtmauer beim Sendlinger Tor in die später sogenannte Josephsspitalstraße", schreibt Stahleder. Damit war mehr Platz geschaffen: 100 Kranke konnten nun aufgenommen werden. Maximilian I. ließ sich das etwas kosten und sicherte jährliche Einnahmen aus den Renten und Kammergefällen des Salzamtes zu. „Nebstbei sollten auch jährlich vierzehn Male die sämmtlichen Spitäler, Krankenwärter und Ehehalten aus der Hofküche mit 4 Speisen, einer Halb-Semmel und ½ Maas Bier jedes ausgespeist werden", schreibt Anselm Martin. Zusätzlich bekam das Spital ab 1632 eine eigene Kirche: die Josephspitalkirche. Als die Kirche 1700 nach einer Erweiterung des Spitals erneut geweiht wurde, ergänzte der Maler Andreas Wolff (1652-1716) das Altarblatt mit dem sterbenden St. Joseph.

Das Gemälde zeigt Elisabeth Renata von Lothringen, die Gemahlin des Kurfürsten Maximilian I. Es wurde um 1600 von einem unbekannten Maler geschaffen.

Doch allzu lange reichte die Erweiterung nicht aus – außerdem war das Spital in die Jahre gekommen. 1682 rückten deshalb die Handwerker an, das Josephspital wurde unter der Federführung von Barockbaumeister Giovanni Antonio Viscardi (1645-1713) samt Kirche an Ort und Stelle im Hackenviertel neu aufgebaut und gleichzeitig erweitert: Nun hatten 252 Personen Platz. Und bei denen handelte es sich nicht nur um Kranke: Betagtere Münchner hatten die Möglichkeit hier ihren Lebensabend zu verbringen. Wie einstmals der Bader Melchior Pruggperger den Grundstein für das Spital gelegt hatte, legte der französische Pater des Augustinerklosters, Jakob Barthelemy, den Grundstein für das „kgl. Zentraltaubstummen-Institut“: Ab 1794 unterrichtete er im Josephspital täglich zehn taubstumme Kinder. 200 Jahre später begannen die Bauarbeiten am neuen Altersheim St. Joseph in Sendling. Nach Abschluss der Bautätigkeit zogen die ersten einhundert Bewohner des Josephspitals dorthin um. Knapp ein Jahr später wurde das Areal an die Stadt München für 1,1 Millionen Mark verkauft

Das Spital im Hackenviertel stand noch 20 Jahre lang, dann wurde es – schwer gezeichnet von Kriegsschäden – 1945 mitsamt der zugehörigen der Kirche abgerissen. An seiner Stelle entstand in den Jahren 1953/54 ein Verwaltungsgebäude der Stadt München, in dem sowohl die Stadtkämmerei und die Stadtkasse als auch das Steueramt beheimatet sind.

Hier stand das Josephspital:

Heute befindet sich auf dem ehemaligen Grund des Josephspitals das Verwaltungsgebäude der Stadt München in der Herzog-Wilhelm-Straße 11.

Das Frauenhaus befand sich innerhalb der Stadt direkt an der Stadtmauer.

Frauenhaus

Heiß – heißer – Feuerwehr

Im Jahr 1982 landete die Münchner Band „Spider Murphy Gang" einen Nummer-1-Hit: *Skandal im Sperrbezirk*. Nicht nur, dass nun fast jeder die Nummer von Rosi kannte – zwounddreißig sechzehn acht –, sondern der Münchner Rotlichtbezirk wurde auch fest mit dem Song assoziiert. Anlass für diese Cover-Version war für den Bassisten und Sänger der Spider Murphy Gang, Günther Sigl, von dem sowohl Text als auch Musik stammen, die Verschärfung der Sperrbezirksverordnung, deren Zweck es war, die Prostitution in die Stadtrandbereiche abzudrängen. „Ob allerdings auch ein handfester

Seit 1904 wird das Gelände, auf dem sich einst das Frauenhaus befand, für die Hauptfeuerwache genutzt.

Skandal Ursache war, dass die Hübschlerinnen umziehen mussten, ist nicht überliefert", berichtet Veronika Hofstätter von den Stadtspürern und springt einige Jahrhunderte in der Geschichte der Münchner Bordelle zurück – ins Jahr 1433. Da nämlich wollten die Herzöge Ernst und Wilhelm III. ebensolchen Skandalen vorbeugen, indem sie verfügten, dass die „gemeinen Dochderlein" statt beim Scharfrichter nun in der Mühlgasse am Anger ihrem Gewerbe nachgehen sollten. „Das Frauenhaus – so lautete im Mittelalter die Bezeichnung für ein Bordell – war durch den Erlass der Herzöge städtisch geworden und damit besser unter Kontrolle", erläutert die Münchnerin. „Das Bordell verfügte über zwölf Zimmer verfügte und wurde von einem Frauenmeister verwaltet."

Doch so ganz ging das Ansinnen der Herzöge nicht auf, denn das eine oder andere Skandälchen habe es sehr wohl gegeben, wie der frühere Stadtarchivar Dr. Helmuth Stahleder in der *Chronik der Stadt München* über den 16. Mai 1507 schreibt: „Einige Gesellen kommen in die Fronfeste, weil sie ‚das frawenhauß gesturmt haben‘, das von der Stadt betriebene Bordell.“ Für sie schließt sich also ein Aufenthalt im Gefängnis an.

„Einfach war es für die Frauen nicht, die in einem solchen Etablissement arbeiteten“, beschreibt Veronika Hofstätter die Lebensumstände, „denn sie mussten sich mit einer Kennzeichnung an der Kleidung zu erkennen geben.“ Auf diese Weise konnten die Bürger der Stadt den Hübschlerinnen aus dem Weg gehen. Dass ihnen auch eine kirchliche Bestattung verweigert wurde, ist in der *Chronik der Stadt München* nachzulesen: „Eine Frau ist in der Woche nach Pfingsten im Frauenhaus gestorben und wird aus der Stadt gebracht. Dort wird sie vom Züchtiger auf freiem Feld begraben.“ Doch nicht nur im Frauenhaus boten die Damen ihre Dienste an: 1530 muss die „Winkelhurerey“ wohl so überhandgenommen haben, dass der Stadtrat eine „Ordnung wider die Laster“ erließ.

Wilhelm V. auf einem Kupferstich von Dominicus Custos..

Betreten werden durfte ein Frauenhaus nur von unverheirateten Männern – und auch Geistlichen und Juden war der Besuch nicht gestattet. Dass man es mit dieser Regelung nicht immer ganz so genau nahm, unterstreicht der Eintrag in der *Chronik der Stadt München* vom Dezember 1558: „Die Kapläne Graßmann und Ostler von St. Peter suchen anläßlich der Einsammlung des Leibpfennigs auch das ‚gemeine Haus‘ [Bordell] auf und setzen sich dort mit dem Wirt und seiner ‚Gesellschaft‘ zum Zechen nieder. Als sich die ‚genachbarten Knappen‘ vor dem Haus zusammenrotten und sie erwarten, wagen sie sich nicht mehr aus dem Haus, so daß der eine von beiden sogar über Nacht bleibt." Was genau in jener Nacht geschah, ist nicht überliefert.

Wie Veronika Hofstätter berichtet, soll 1579 wohl der Gründer des Hofbräuhauses, Herzog Wilhelm V., für das Ende des städtischen Frauenhauses gesorgt haben. Erwähnt wird jenes zum letzten Mal rund 15 Jahre später am 18. November 1595. Stahleder zitiert dazu: „Die Stadtkammer zahlt dem Hanns Ernst und seiner Hausfrau Rosina Selberin, ‚verschinener zeit gewester wirtin im gemainen haus allhie'." Das Ende des städtischen Frauenhauses bedeutet natürlich nicht, dass es in München keine „Hurerey" mehr gab, wie allein schon der Skandal um Rosi beweist. Aber fortan war das horizontale Gewerbe eben nicht mehr städtisch organisiert.

Die Stadt nutzte das einstige Frauenhaus nun als bürgerliches Krankenhaus am Anger. Behandelt wurden dort die „armen Bürger, Inwohner und Handwerksburschen". 1694 war der Bedarf für die Krankenpflege so groß, dass die Stadt beschloss, ein weiteres Haus in der Nähe als Rekonvaleszentenhaus aufzukaufen.

Als Ende des 19. Jahrhunderts ein größeres Feuerwehrhaus benötigt wurde – das 1795 am Sankt-Jakobs-Platz errichtete genügte der schnell wachsenden Isarstadt nicht mehr –, fassten die Stadtvorderen den Entschluss für einen Neubau im südlichen Angerviertel – das einstige Frauen- und spätere Krankenhaus wurde dafür abgerissen.

Wo einst Hübschlerinnen ihren Kunden freudige Stunden beschert hatten, standen nun also Löschfahrzeuge. Irgendwie ist das schon ein bisschen eine Ironie der Geschichte.

Hier stand das Frauenhaus:

Es war in der Mühlgasse am Anger im Bereich der heutigen Hauptfeuerwache im Stadtbezirk Altstadt-Lehel beheimatet.

Blick in den Saal des Opernhaues am Salvatorplatz um 1700.

Opernhaus am Salvatorplatz

Musikalisches Geschenk zur Hochzeit

Mit Henriette Adelheid von Savoyen (1636-1676) bekam Bayern nicht nur eine junge und bildhübsche Kurfürstin, sondern auch die Italienische Oper. Dem ging allerdings einige Unruhe im Leben der jungen Adeligen voraus. Am 8. Dezember 1650 wurde die 14-jährige Schönheit im Turiner Dom per procurationem – also in Abwesenheit ihres Zukünftigen – mit dem bayerischen Thronfolger Ferdinand Maria (1636-1679) vermählt. Das freudige Ereignis sollte aber auch in München nochmals groß gefeiert werden. Der Vater des Bräutigams, Kurfürst

Statt einem Operhaus befindet sich heute ein Wohn-und Geschäftshaus auf der Grundfläche des Haberkastens.

Maximilian I. (1573-1651), plante, eigens dafür bei der Salvatorkirche einen alten Kornspeicher in ein „Comedi-Haus“ umbauen zu lassen. Es kam anders: „Der Kurfürst, Henriettes Schwiegervater, verstarb während einer Wallfahrt 1651 in Ingolstadt“, erzählt Wolfgang Hauskrecht, „die Feierlichkeiten wurden verschoben, die bereits begonnenen Arbeiten am sogenannten Haberkasten eingestellt.“

Das Ableben des Schwiegervaters hatte aber noch viel weitreichendere Folgen: „Durch den Tod Maximilians I. wurde die junge Braut Kurfürstin von Bayern – obwohl sie bis dato noch nicht einmal einen Fuß in das Land an der Donau gesetzt hatte“, berichtet der Redakteur des *Münchner Merkur* über die außergewöhnliche Situation. Am 16. Mai 1652 machte sich Henriette Adelheid, begleitet von einem Tross von 336 Pferden und 350 Packwagen, auf den Weg nach München. Nach etwa einem Monat erreichte sie am 21. Juni die Isarstadt.

Bereits gut ein Jahr später bat Henriette Adelheid den Hofkaplan und

Harfenisten Giovanni Battista Maccioni, eine dramatische Kantate zu komponieren. „L'arpa festante (Die jubelnde Harfe)", schreibt Helmuth Stadeleder in der *Chronik der Stadt München*, sei „ein allegorisches Spiel mit Rezitativ, Solo-Arien, Duett und Schluß-Chor, nachweislich die erste in München aufgeführte [italienische] Oper."

Jetzt bekam der Kornspeicher doch noch Bedeutung – zwar nicht als Ausrichtungsort einer kurfürstlichen Hochzeit, aber immerhin als Opernhaus: „Kurfürst Ferdinand ließ die unterbrochenen Umbauarbeiten am Kornspeicher wiederaufnehmen", erzählt Wolfgang Hauskrecht. Rechtzeitig für den Besuch von Kaiser Ferdinand III. (1608-1657) im August 1653 war das Opernhaus am Salvatorplatz jedoch nicht fertig, und so wurde die erste italienische Oper *L'arpa festante* in München am 13. August 1653 ersatzweise im Herkulessaal der Residenz aufgeführt.

Wolfgang Hauskrecht auf dem Salvatorplatz.

Lange musste sich das junge Kurfürstenpaar bis zur Einweihung seines Festspielhauses nicht mehr gedulden, denn am 12. Februar 1654 wurde „[d]as nunmehr fertiggestellte Theater an der Salvatorkirche – ein Rangtheater nach italienischem Vorbild und das erste freistehende Opernhaus Deutschlands – [...] mit der ersten Aufführung, einem ‚drama per musica' eröffnet", wie der ehemalige Stadtarchivar in der *Chronik der Stadt München* schreibt.

Am 22. Februar 1656 wurde Johann Caspar von Kerll (1627-1693) zunächst zum Vizekapellmeister ernannt und gut ein halbes Jahr später zum Kapellmeister. Die Uraufführung seiner Oper *L'Oronte* fand 1657 in dem reichverzierten Saal des Opernhauses statt. Wie damals üblich, wurden die Frauenrollen von Kastraten gesungen.

Kerll schrieb noch mindestens vier weitere Opern, bis er Ende 1673 den Dienst quittierte. „Auch die zukünftigen Kapellmeister komponierten fleißig, und die entstandenen Singspiele wurden am Salvatorplatz uraufgeführt", beschreibt Hauskrecht die weitere musikalische Arbeit. So auch Pietro Torri (um 1650-1737), der von Maximilian II. Emanuel (1662-1726) einen ganz besonderen Auftrag bekam: Torri sollte eine Oper anlässlich der Vermählung seines Sohnes Karl Albrecht (1697-1745) mit Maria Amalia von Österreich (1701-1756) komponieren. Am 18. Oktober 1722 wurde seine *Adelaide* uraufgeführt.

„Als aber am 12. Oktober 1753 das neue Cuvilliés-Theater in der Residenz mit der Oper *Catone in Utica* eröffnet wurde, änderte sich das Programm am Salvatorplatz stark", hat der Redakteur über die weitere Programmgestaltung recherchiert. „Operetten, Ballette und Schauspiel bildeten fortan die Grundlage." So auch am 14. März 1773: „Im alten Opernhaus bei der Salvatorkirche gibt Franz Nieser mit seiner Gesellschaft in Gegenwart des kurfürstlichen Hofes Gotthold Ephraim Lessings *Emilia Galotti*", schreibt Stahleder in seiner *Chronik der Stadt München.* Aber *eine* große Opernpremiere war dem in die Jahre gekommenen Haus noch vergönnt: Am 13. Januar 1775 wurde Wolfgang Amadeus Mozarts (1756-1791) *La finta giardiniera* in Anwesenheit von Kurfürst Maximilan III. Joseph (1727-1777) aufgeführt.

Mit dem Opernhaus ist übrigens auch der weltberühmte Tanz im Dreivierteltakt verknüpft, denn in der 1788 „im Hoftheater bei der Salvatorkirche aufgeführten Oper *Lila oder Schönheit und Tugend*, auf italienisch *Una cosa rara* von dem Komponisten Vincente Martin y Solar (Soler) sieht man in München erstmals den Walzer („Teutschen Tanz") tanzen", schreibt Stahleder.

Am 23. Februar 1795 fiel der letzte Vorhang im Opernhaus am Salvatorplatz und 1802 erfolgte der Abriss des mittlerweile baufälligen Gebäudes – mit einem sehr unmelodischen Schlussakkord.

Hier stand das Opernhaus:

Es stand auf dem Salvatorplatz in der Nähe der Salvatorkirche.

Ein Blick, der erahnen lässt, warum das Hotel Bellevue im Vorherr-Haus den Namen nach seiner schönen Aussicht erhalten hat.

Hotel Bellevue

Der Name war nicht mehr opportun

Leistung zahlt sich aus. Das galt auch für Gustav Vorherr (1778-1847). Denn dafür, dass er im Rahmen der Stadterweiterung1818 den Bebauungsplan für den Sendlinger- und den Isartorplatz erstellte, erhielt er eine ganz besondere Anerkennung: König Maximilian I. Joseph (1756-1825) schenkte ihm ein Grundstück direkt am Karlstor. „Vorherr nutzte die Gelegenheit und baute dort 1818 sein Wohnhaus", erzählt Elisabeth Lehmann. „Auch wenn man es sich heute kaum vorstellen kann, wenn man am Karlsplatz steht: Als der Architekt die viergeschossige Villa errichten ließ,

Akutell klafft noch eine Wunde am Stachus, aber es soll wieder ein Hotel entstehen - allerdings in ganz neuem Gewand.

war hier noch eine ländliche Idylle", beschreibt die Gästeführerin die damalige Umgebung.
Vorherr hatte sich nicht nur um die Ludwigvorstadt verdient gemacht, sondern sich bereits in den 1820er-Jahren für den „Schutz von Alterthümern" eingesetzt und damit den Grundstein für den Denkmalschutz in Bayern gelegt. Er gründete den bayerischen Landesverschönerungsverein und initiierte den heute noch stattfindenden Wettbewerb „Unser Dorf hat Zukunft". *Die Monatsblätter für Bauwesen und Landesverschönerung in Bayern* publizierte er ebenfalls und schuf so wichtige Vorlagen für das öffentliche Bauwesen im ganzen Königreich.

„Rund 15 Jahre nach dem Tod des Architekten im Jahr 1847 wurde das nach ihm benannte Vorherr-Haus zu einem Hotel umgebaut."

„Rund 15 Jahre nach dem Tod des Architekten im Jahr 1847 wurde das nach ihm benannte Vorherr-Haus zu einem Hotel umgebaut", beginnt die geschichtsinteressierte Wahlmünchnerin über die weitere Nutzung der eleganten Villa zu erzählen. Dabei wurden die fünf Fensterachsen erweitert, auf der Rückseite des Gebäudes ein Querflügel angesetzt und das Erdgeschoss für die neue Nutzung umgebaut. Das Hotel, das den klangvollen Namen „Bellevue" – schöne Aussicht – trug, erfuhr bereits 1880 einen neuerlichen Umbau: Das zweite und dritte Geschoss wurden auf die volle Breite des ersten Obergeschosses aufgesetzt, „ferner bekam das Haus ein höheres Dach, die markanten Doppelgiebel im Neorenaissancestil mit Romanikeinflüssen und die prächtige Fassadenmalerei von Claudius Schraudolph dem Älteren", schildert Thomas Irlbeck in einem Aufsatz die weiteren baulichen Veränderungen.

Gustav Vorherr wurde auf dem Kupferstich abgebildet.

In der Zeit zwischen der Jahrhundertwende und dem Ausbruch des Ersten Weltkriegs (1914-1918) erfolgte nochmals ein Umbau, bei dem unter anderem der Eingangsbereich mit einem Vorbau aus Bogentoren und Bullaugen aufgewertet wurde. Der Vorbau diente zugleich als Auflagefläche für den neuen Balkon. Die vorhandene Fassadenbemalung versuchte man dabei zu erhalten.

„Mit Beginn des Ersten Weltkriegs musste sich das Hotel umbenennen, denn alles Französische war nicht mehr gewollt", schildert Elisabeth Lehmann den Grund, warum die Beherbergungsstätte den Namen „Hotel Königshof" erhielt. Infolgedessen hat auch der erwähnte Aufsatz von Thomas Irlbeck den Titel *Hotel Königshof: Historie, Architektur, Abriss und Neubau.* 1938 kauften Anna und Karl Geisel das Hotel. Die Wirtsleute waren in München bekannt, bewirtschafteten sie doch bereits das Löwenbräuzelt auf dem Oktoberfest und hatten zudem noch während des Ersten Weltkriegs in der Hochburg des Bieres das erste Weinlokal, „Pasinger Weinbauer“ genannt, eröffnet. 1944 wurde das Hotel Königshof von Bomben getroffen, es kam zu erheblichen Schäden. Dennoch wagte Familie Geisel Anfang der 1950er-Jahre den Wiederaufbau und setzte dabei auf Luxus: Alle Zimmer wurden mit Bad und Toilette ausgestattet – für die damalige Zeit ein unerhörter Komfort. Um sich pünktlich zur Olympiade 1972 in voller Pracht präsentieren zu können, wurde 1970 erneut renoviert. 2019 entschied sich die Betreiberfamilie Geisel dann aber zum Abriss des Gebäudes und einem Neubau – eine nochmalige Sanierung erschien nicht mehr sinnvoll.

„Es ist so schade, dass nach 200 Jahren die letzten Spuren des Mannes zerstört wurden, der sich einst für den Erhalt alter Bausubstanz und den Denkmalschutz eingesetzt hatte.“

Elisabeth Lehmann bedauert das: „Es ist so schade, dass nach 200 Jahren die letzten Spuren des Mannes zerstört wurden, der sich einst für den Erhalt alter Bausubstanz und den Denkmalschutz eingesetzt hatte.“

Hier stand das Hotel Bellevue

Der Beherbergungsbetrieb entstand aus dem ehemaligen Vorherr-Haus an der Westseite des Karlsplatzes.

Die Kreis-Lehrerinnen-Bildungsanstalt erstreckte sich längs der damaligen Frühlingsstraße gegenüber der Museumsinsel an der Isar.

Bildungsanstalt

Ein Vorbild für alle

Mit rotgefrorenen Näschen und zitternd vor Kälte wartete eine Schar junger Frauen am 3. Dezember 1908 in der Frühlingsstraße ungeduldig darauf, endlich die extra für sie geschaffene Lehranstalt betreten zu dürfen. Bei selbiger handelte es sich um einen prächtigen weißen Bau, der entlang der Isar an der heutigen Eduard-Schmid-Straße vis-a-vis des Deutschen Museums errichtet worden war. Architekt Hans Grässel (1860-1939) hatte das Gebäude geschickt an die Umgebung und die baulichen Voraussetzungen, die an eine solche Bildungseinrichtung

Auch heute steht auf dem Gelände der einstigen Lehrerinnen-Bildungsanstalt wieder ein Schulgebäude: das Pestalozzi-Gymasium, versteckt hinter Kastanienbäumen.

gestellt wurden, angepasst. Die besondere Atmosphäre, die der Architekt geschaffen hatte, lobt die *Deutsche Bauzeitung* in vollen Zügen: „Eines der hervorragendsten Merkmale der Grässel'schen Schulbauten ist, daß ein warmer, wohnlicher Hauch, welcher zum Verweilen einladet, alle Räume durchweht […].“

„Eines der hervorragendsten Merkmale der Grässel'schen Schulbauten ist, daß ein warmer, wohnlicher Hauch, welcher zum Verweilen einladet, alle Räume durchweht.“

Dieser warme, wohnliche Hauch tat den jungen Seminaristinnen sicher sehr gut – und als sie das Gebäude dann endlich betreten durften, teilten sich die Studierenden in mehrere Gruppen auf: Es gab, wie die *Bauzeitung* schreibt, „eine Präparandinnen-Abteilung zu 2 mal 3 Klassen, eine Seminar-Abteilung ebenfalls zu 2 mal 3 Klassen und eine Seminar-Uebungsschule zu 8 Volksschulklassen“. Bei der Präparandinnen-Abteilung handelte es sich um die erste

Stufe der Volksschullehrerausbildung, die die Teilnehmerinnen auf den Besuch des Lehrerseminars vorbereitete. „Zum Verweilen", um die *Bauzeitung* zu zitieren, luden nicht nur die Klassenzimmer ein: Es gab auch eine Turn- und Festhalle und einen Naturkundesaal mit ansteigenden Sitzreihen, Zeichen- und Modelliersäle, Musikübungsräume und die Schulküche. Allein: In der Schule wurde nicht nur studiert und gelernt, die Anstalt verstand sich offenbar auch als Lebensraum. So gab es „ein Wannenbad für unbemittelte Schülerinnen, ein Brausebad für die Seminar-Uebungsschule, sowie Wohnungen des Direktors und Schuldieners".

Ebenjener Direktor, sein Name war Josef Heigenmooser (1845-1921), hatte 36 Jahre lang das unter Beweis stellen müssen, was jede Lehrkraft braucht: Geduld. Denn so lange hatte es gedauert, bis er endlich sein eigenes Schulgebäude bekam. Gegründet hatte der Pädagoge mit Weitblick die Lehranstalt für weltliche Lehrerinnen nämlich bereits anno 1872. Heigenmooser bezog zunächst ab April 1872 mit seinen weiblichen Zöglingen ein Schulhaus im Rosenthal und wechselte dann ein halbes Jahr später in das Damenstiftsgebäude in der Ludwigstraße. Dort blieb er fast vier Jahrzehnte lang, bis er 1908 endlich in das von Architekt Grässel neu errichtete Gebäude in der damaligen Frühlingsstraße – der heutigen Eduard-Schmid-Straße – umziehen konnte.

Auch wenn Heigenmooser den Absolventinnen dieser Königlichen Kreis-Lehrerinnenbildungsanstalt das Rüstzeug der Pädagogik mit auf den Weg gab, konnte er sie nicht vor den Anfeindungen männlicher Kollegen schützen, galten Lehrerinnen doch allgemein zu jener Zeit als „den Anstrengungen des Schulberufs weniger gewachsen als" ihre männlichen Kollegen, wie bei Rudolf Hartbrunner in seinem Aufsatz *Die „Kreislehrinnenbildungsanstalt" zieht in die Ludwigstraße* zu lesen ist. Obendrein verdienten sie weniger als diese, auch wurde ihnen ein strenges Zölibat, sprich ein Heiratsverbot, auferlegt. Der Bayerische Landtag kam zu der Einschätzung, das Verbot der Ehe komme einem dem „Interesse der Schule schädlichen Widerstreit zwischen den Pflichten einer Frau als Lehrerin und als Ehefrau" zuvor.

Während des Ersten Weltkriegs wurde kriegsbedingt die Maria-Theresia-Kreisschule in das Grässel' sche Schulhaus in der Frühlingsstraße einquartiert. Das Ende der Königlichen Kreis-Lehrinnen-Bildungsanstalt kam 1935, als sie in die Hans-Schemm-Aufbauschule umgewandelt wurde. Deren Ziel es war, Volksschülerinnen und Volksschüler in sechs Jahren auf das Abitur und eine anschließende Tätigkeit als Volksschullehrer vorzubereiten. Benannt war die Bildungsanstalt nun nach dem antisemitischen und antidemokratischen Vertrauten Adolf Hitlers (1889-1945) Hans Schemm (1891-1935), Bayerischer Kultusminister und Reichsverwalter des Nationalsozialistischen Lehrerbundes. Er wurde nach seinem tödlichen Flugzeugabsturz im März 1935 von den Nationalsozialisten zum Helden verklärt.

Anfang September 1943 kam dann auch das bauliche Ende der einstigen Lehrerinnenbildungsanstalt: Das Schulgebäude wurde bei einem Bombenangriff komplett zerstört. 1952 wurde auf dem Gelände wieder ein Schulgebäude errichtet. In den ersten Flügel zog das Neue Realgymnasium / die Oberschule für Jungen, wie das heutige Albert-Einstein-Gymnasium hieß, ein. 1960 folgte das heutige Pestalozzi-Gymnasium. Damals warteten die Schüler sicherlich genauso aufgeregt darauf, die Räumlichkeiten von innen sehen zu dürfen, wie einst die angehenden Lehrerinnen.

Hier stand die Bildungsanstalt:

Sie befand sich auf dem Gelände des heutigen Pestalozzi-Gymnasiums in der Eduard-Schmid-Straße 1.

Im Schwarzen Adler stiegen viele VIPs der vergangenen Jahrhunderte ab.

Schwarzer Adler

Duell mit Klavier

Zufrieden lehnt sich Leopold Mozart (1719-1787) in der Kutsche zurück. Gerade hat er aus dem Fenster gesehen und den fünfgeschossigen „Schwarzen Adler“ mit seiner hellen Fassade erblickt. In diesem Prachtbau in direkter Nähe zur Frauenkirche wird er mit seinen beiden Kindern während des Aufenthalts in München logieren und er wird es sich gut leisten können. Die Tournee durch Europa war erfolgreich, sein Sohn Wolfgang Amadeus ist ein gefeiertes und vor allem gut bezahltes Genie.

Wo einst Goethe nächtigte, steht heute das Kaufhaus Hirmer.

„Leopold Mozart brach mit seinen Kindern bereits am 9. Juni 1763 in Salzburg auf", berichtet Sibylle Reinicke. Die Tournee führte den Vater mit seinen hochbegabten Kindern durch die deutschen Lande, Westeuropa und eben auch nach München, wo Mozarts zum ersten Mal im Schwarzen Adler wohnten. Der elfjährige Wolfgang Amadeus Mozart (1756-1791) und seine 16-jährige Schwester Maria Anna (1751-1829) – liebevoll Nannerl genannt – spielten während der Tournee sowohl in öffentlichen Akademien als auch bei Hofe auf.

Diesem ersten Besuch im Schwarzen Adler sollten viele weitere folgen: Insgesamt acht Mal logierte Wolfgang Amadeus Mozart in der Edelherberge. Bei einem dieser folgenden Aufenthalte, im Jahr 1774, soll sich der Musiker mit dem Komponisten und Pianisten Ignaz von Beeke (1733-1803) ein Duell geliefert haben. „Doch wer sich die beiden Virtuosen jetzt frühmorgens auf einer Lichtung vorstellt, der täuscht sich", sagt Sibylle Reinicke schmunzelnd. Denn als Waffen wurden nicht die Duellpistole oder gar der Säbel gewählt, sondern zwei

Klaviere: Das musikalische Duell soll im Schwarzen Adler stattgefunden haben. „Solcherlei Duelle waren gar nicht so ungewöhnlich", hat die Gästeführerin recherchiert. „So lieferte sich Mozart nochmals 1781 ein Duell mit dem italienischen Komponisten Muzio Clementi." Und auch der österreichische Pianist Joseph Woelfl (1773-1812) trat in den Wintermonaten 1798/99 gleich mehrfach im musikalischen Wettstreit gegen Ludwig van Beethoven (1770-1827) an. Die Eindrücke des österreichischen Dirigenten Ignaz von Seyfried (1776-1841) wurden in Ludwig van Beethovens *Studien im Generalbaß, Contrapunkt und in der Compositionslehre* festgehalten.

Und es gibt noch einen berühmten Mann, der im Schwarzen Adler logierte: „Als dieser am 6. September 1786 seinen Pass vorlegte, stand dort zwar der Name Jean Philipp Moeller und dass er Kaufmann aus Leipzig sei. Doch in Wirklichkeit handelte es sich um Johann Wolfgang Goethe", verrät Sibylle Reinicke.

Das Versteckspiel Johann Wolfgang von Goethes (1749-1832) hing mit seinem zweiten großen Erfolg zusammen: *Die Leiden des jungen Werthers*. Im September 1774 erschien der Briefroman zur Leipziger Buchmesse als Erstausgabe. Die tragische Liebesgeschichte, die mit dem Selbstmord des Protagonisten endet, avancierte zu einem Bestseller. Schnell wurde Kritik laut, denn die Lektüre des Büchleins würde, so der Vorwurf, die Jugend zum Freitod zu verführen. „Wegen der zahlreichen Angriffe ist es nicht verwunderlich, dass Goethe seine Italienreise, zu der er nach seinem Aufenthalt in München aufbrach, inkognito antrat und auch hier unerkannt bleiben wollte", fasst die Gästeführerin zusammen.

Denn auch in München hatte es zuvor einen tragischen Unglücksfall gegeben, der angeblich mit Goethes Werk im Zusammenhang steht: Am 14. Januar 1785 stieg die 17-jährige Maria Franzisca Magdalena Freiin von Ickstatt, genannt Fanny, die Stufen zum Nordturm der Frauenkirche hinauf. „Fanny war unglücklich, denn sie hatte sich in den jungen Offizier Franz von Vincenti verliebt", erzählt die Gästeführerin, „und auch er war sehr angetan von der jungen Münchnerin." Ihrem Glück stand Fannys Mutter, der selbst eine Liebelei mit dem feschen Burschen nachgesagt wurde, im Weg: Sie verbot die Liebe der beiden rigoros.

Mit gebrochenem Herzen soll sich Fanny dann vom Turm in den Tod gestürzt haben. Ihre Familie versuchte das Unglück als Unfall darzustellen und wehrte sich gegen den im selben Jahr erschienen Roman *Die Leiden der jungen Fanni. Eine Geschichte unserer Zeiten in Briefen* von F. G. Freiherr von Nesselrode zu Hugenboett (1767-1785).
„Dass Goethe die tragische Geschichte der Fanny von Ickstatt kannte, daran gibt es keinen Zweifel, denn am Tag seiner Ankunft in München machte er sich auf den Weg zur Frauenkirche und bestieg den Turm", erklärt die Münchnerin. Am selben Abend schrieb er an Charlotte von Stein (1742-1827): „Um sechs Uhr morgens war ich in München, und nachdem ich mich zwölf Stunden umgesehen, will ich nur weniges bemerken. [...] Den ganzen Tag blies der Wind sehr kalt vom Tiroler Gebirg. Als ich vom Turm dorthin sah, fand ich es bedeckt und den ganzen Himmel überzogen. Nun scheint die Sonne im Untergehen noch an den alten Turm, der mir vor dem Fenster steht." Damit hielt der Dichter seine Erinnerungen an den einzigen Aufenthalt in der Isarstadt fest und beschrieb den Ausblick vom Schwarzen Adler auf den Turm der Frauenkirche.

„Als ich vom Turm dorthin sah, fand ich es bedeckt und den ganzen Himmel überzogen. Nun scheint die Sonne im Untergehen noch an den alten Turm, der mir vor dem Fenster steht."

Noch rund einhundert Jahre bestand der Schwarze Adler mit seinen 38 Zimmern in der Kaufingerstraße, bevor er im Jahr 1898 abgerissen und an dieser Stelle ein Geschäftshaus gebaut wurde. Damit verlor München ein Hotel, in dem sich einst die Größen ihrer Zeit die Klinke in die Hand gegeben hatten.

Hier stand der Schwarze Adler:

Der Gasthof befand sich in der Kaufinger Straße 23.

Bereits 1979 wurde mit dem Abbau des Schwabylon begonnen.

Schwabylon

Zu viel gewollt

Eine aufgehende Sonne auf rotem Grund war der Blickfang am Schwabylon. Aber auch ansonsten gab es an dem Gebäude, das in seiner Grundform an den Fuß einer Pyramide erinnerte, viel zu entdecken. „Die heutige Bebauung bildet dazu sozusagen das Kontrastprogramm", beschreibt Martin Schmitt-Bredow das cleane Stadtquartier „Schwabinger Tor".

Der Kopf hinter dem 156 Millionen-Projekt „Schwabylon", das *DIE ZEIT* am 19. Oktober 1973 als einen „Bunten Bunker für Millionen" beschrieb, war der Augsburger Landmaschinenhändler Otto

Die Leopoldstraße hat heute keinen farbenfrohen Hingucker mehr, auf dem Gelände des Schwabylon stehen mittlerweile diverse Hochhäuser.

Schnitzenbaumer (1922-2012). Schon in den 1960er-Jahren hatte er seine Geschäftstätigkeiten vom Vertrieb von Landmaschinen auf den Immobiliensektor erweitert und 1971 seine ambitionierten Pläne präsentiert: „Auf 40 000 Quadratmetern sollte eine Wohn-, Geschäfts- und Freizeitstadt entstehen, mit Restaurants, Läden, Galerien und einem Wohncenter mit 600 Apartments", schreibt Anna Hoben rückblickend in der *Süddeutschen Zeitung*. „Mit Biergarten, Spielcasinos, einer Eislaufhalle und einem römischen Bad" und im Zentrum einem Marktplatz.

„Die gewaltige Bausumme konnte Schnitzenbaumer nicht selbst stemmen, doch es gelang ihm, die Hessische Landesbank an Bord zu holen, die für das Bauvorhaben einen eigenen Immobilienfonds anlegte, den 5.500 Anleger zeichneten", so Schmitt-Bredow. „Nachdem die Finanzierung stand, beauftragte Schnitzenbaumer den Schweizer Architekten Justus Dahinden." Seine architektonische Planung war spektakulär: eine fensterlose Stufenpyramide mit Rampen statt Treppen im

Inneren. Letztendlich steuerte er aber nur Pläne für den „Pop-Bunker“ bei, ein Einkaufsparadies mit Freizeiteinrichtungen – im Stil der heutigen Shopping-Malls. Die Schwabylon-Wohnhochhäuser baute Ernst Barth und aus der Feder von Fritz Hierl stammt das Schwabylon-Hotel Holiday Inn. Es wurde mit der Yellow Sub-Disco schon im April 1971 von Schnitzenbaumer eröffnet.

Wie Schmitt-Bredow hat sich auch der Münchner Max Zeidler intensiv mit der Geschichte des Schwabylon befasst. Zeidler hatte das betreffende Archivmaterial zusammen mit der PR-Agentur intervox von seinem Vater übernommen. Selbige war für die Öffentlichkeitsarbeit des Schwabylon zuständig gewesen. Schmitt-Bredow stieß auf eine ganzseitige Anzeige in der *Süddeutschen Zeitung* vom 8. November 1973 – dem Tag der Eröffnung – in der neben einer Auflistung der Superlative auch der Architekt Justus Dahinden zu Wort kommt: „Schwabylon soll eine klassenlose Gesellschaft ansprechen.“
„An diesem Tag erhielten Justus Dahinden und der Bauherr Otto Schnitzenbaumer jeweils einen riesigen Schlüssel aus Brezenteig“, erzählt Schmitt-Bredow. Zunächst war das Schwabylon in aller Munde, und „der futuristische, fensterlose Bau“ machte Furore, so Anna Hoben in der *Süddeutschen Zeitung*. Doch es hagelte auch Kritik, denn der Architekturkritiker Manfred Sack fragte in der *ZEIT*, ob sich der Schweizer Architekt nicht schäme, da sein mit „Sprachqualm eingenebelt(es)“ Gebäude nicht der Freizeit diene, „sondern hervorragend dazu benutzt werden kann, seine Besucher auszuplündern, natürlich legal?“ Die Besucher schienen es ähnlich zu sehen: Sie blieben aus. Und das, obwohl das Schwabylon sogar zur beliebten Kulisse für Funk und Fernsehen mutierte und zum Beispiel Helmut Dietl (1944-2015) hier seine *Münchner Geschichten* drehte.

Ob das mangelnde Interesse auf die Lage zurückzuführen war? Schließlich befand sich das Schwabylon damals ziemlich weit außerhalb: Wer auf öffentliche Verkehrsmittel angewiesen war, musste mit dem Bus fahren. Die Stadt München verneinte das Anliegen Schnitzenbaumers, das Gelände an die Tram anzuschließen. Aber es gelang ihm auch nicht, einen Supermarkt als Frequenzbringer ins Schwabylon-Zentrum zu locken. „Es gibt viele Gründe“, antwortet Max Zeidler auf die Frage, warum das Projekt Schwabylon letztendlich scheiterte.

Er habe beim Lesen der Unterlagen eher den Eindruck gewonnen, dass Schnitzenbaumer viel über den Kopf von Dahinden hinweg entschieden und nur darauf geachtet habe, dass alles so schnell wie möglich umgesetzt wird. „Der Pop-Bunker hätte ursprünglich schon zur Olympiade eröffnet werden sollen, verzögerte sich aber wegen Bau-schwierigkeiten. So fehlten die Einahmen und damit die nötige Finanzierung fürs eigentliche Konzept der Freizeitstadt", erklärt Zeidler.

Ein Mieter nach dem anderen kündigte die Pachtverträge. Als Ende 1974 nur noch sechs von ehemals 86 übrig waren, wurde die Reißleine gezogen: Die verbliebenen Mieter erhielten die Kündigung und das Schwabylon schloss bereits 14 Monate nach seiner Eröffnung Anfang 1975 wieder seine Pforten. 1977 wurde das Bauwerk von der Schweizer Versicherungsgesellschaft DBV-Winterthur gekauft, im Frühjahr 1979 begannen die Abrissarbeiten. Galerist Ingo Bubenik und Max Zeidler (sen.) hatten zuvor vergeblich versucht, das Gebäude als Kunst(handwerks)-Ateliers einer neuen Nutzung zuzuführen. Übrig blieben 100.000 Kubikmeter Schutt und viele geplatzte Träume: „Neben dem Unternehmer und der Hessischen Landesbank", erzählt Schmitt-Bredow, „verloren ja auch die 5.500 Anleger viel Geld, da sie ihre Anteile nur unter großen Verlusten zurückgeben konnten."
Zwischenzeitlich wurde bereits der Verwaltungsbau der Versicherung wieder abgerissen. Auch weitere Gebäude des Schwabylon-Projekts, zum Beispiel das Hotel Holiday In mit dem Yellow Submarine, mussten in den 2010er-Jahren weichen.
Damit ging für das einst als Freizeitstadt an der Leopoldstraße erdachte Schwabylon die Sonne – bildhaft gesprochen – endgültig unter.

Hier stand das Schwabylon:

Das Einkaufs- und Freizeitzentrum befand sich an der Leopoldstraße 202/202a im Münchner Stadtteil Schwabing.

Auch der Schafherde und ihrem Schäfer scheint das Zollhäuschen zu gefallen.

Zollhäuschen

Je schwerer, desto teurer

Schön gestaltete Fensterläden, Erker und Türmchen: Das Häuschen, das der Architekt und Stadtbaudirektor Hans Grässel (1860–1939) in den 1890er-Jahren gestaltete, ist einfach hinreißend. Wenn man die alten Bilder betrachtet, würde man am liebsten sofort einziehen. Das geht auch Roland Krack so, der sich viel mit dem Häuschen beschäftigt hat. „Wie eine kleine Stadtvilla mutete es mit seinem Vorgarten und dem tiefgezogenen Dach an", findet er. Die Sache mit dem Einziehen ist allerdings nicht ganz so einfach. Genauer gesagt: Sie ist unmöglich, denn das Häus-

Das schöne gelbe Häuschen musste einer modernen Wohnbebauung weichen.

chen steht nicht mehr. Und auch zu Zeiten, als es noch in seiner ganzen Pracht vorhanden war, durfte nicht jeder in dem schmucken kleinen Gebäude wohnen: Es war einem Zöllner vorbehalten, der bei Durchreisenden den Pflasterzoll eintreiben sollte.

Die Isarstadt führte die Abgabe im Jahr 1864 ein und errichtete an sämtlichen Ausfallstraßen Zollstationen, die sie mit Zolleinnehmern besetzte. „Mit jeder Eingemeindung wurden die Zollstationen dann entsprechend versetzt", erklärt der Münchner. Und da Bogenhausen 1892 eingemeindet wurde, bekam es ein kleines gelbes Häuschen, genannt „Station VI", in Zamdorf Nummer 15.

„Dass die Stadt München Pflasterzoll erheben durfte, hat sie einem Privileg der Herzöge Ernst und Johann aus dem Jahr 1394 zu verdanken", hat der Vorsitzende des Vereins NordOstKultur München recherchiert. Und der Name kommt auch nicht von ungefähr: „Die Einnahmen sollten der Bestreitung der Kosten der Herstellung eines Granitpflasters" dienen, ist dem Bewilligungsschreiben des königlichen Staatsministeriums des Inneren zu entnehmen. Laut einem Artikel der *Süddeutschen Zeitung* vom 17. November 2016 richtete sich „seine Höhe [...] danach, wie viele Tiere jemand mitbrachte. Pferd oder Kuh kosteten drei Pfennig, Kalb oder Schaf einen".

„Der Pflasterzoll lässt sich heute mit den Mautgebühren vergleichen und war eine kommunale Abgabe", verdeutlicht Roland Krack. Die Gebühr wurde nicht nur in München, sondern landesweit erhoben. Doch gern gesehen war die Abgabe nicht, denn sie galt als Hindernis für den freien Handel und Verkehr. Zwischen 1908 und 1910 stieg die Anzahl der Ortschaften, die Pflasterzoll forderten, von 47 auf 163, und 1922 waren es dann sogar 486 Gemeinden.

Im Münchner Stadtteil Thalkirchen steht an der Wolfratshauser Straße 139 noch ein von Hans Grässel gestaltetes Zollhäuschen.

Wie einst schon die Fuhrwerke, wurde jetzt auch der motorisierte Personen- und Warenverkehr davon ausgebremst, mehr noch: Weil die Anzahl der Zollstationen so drastisch zugenommen hatte, war es nun, wie man heute sagen würde, quasi nur noch stop-and-go.

„Man muss sich das nur mal praktisch vorstellen, an jeder Ortschaft musste man erst mal anhalten, den Zolleinnehmer womöglich sogar noch suchen, und dann die Abgabe entrichten", schildert Roland Krack den Vorgang. „Und im nächsten Ort begann das Spiel von vorne. Da waren schnell die Gebühren, die die Städte forderten, höher, als die Fahrt mit der Eisenbahn gekostet hätte."

Ein Ende der Pflasterzolls war in München aber trotz all dieser Unannehmlichkeiten erst 1923 in Sicht: Die Hyperinflation, bei der die Mark eine beispiellose Abwertung erlebte, machte das Unterfangen kommen sinnlos. Im November desselben Jahres lag der Kurs für einen

Dollar bei 4,2 Billionen Mark und Banknoten mit einem Gegenwert von 500 Milliarden Mark waren im Umlauf. „Es kam zu unglaublichen Szenen, da wurde der Lohn zum Teil morgens in Wäschekörben abgeholt, und wenn er nicht schnell genug ausgegeben wurde, war er mitunter am Abend fast nichts mehr wert", schildert der Vereinsvorsitzende die dramatischen Umstände. „Für die Stadt München bedeutete es schlicht, dass die Ausgaben die Einnahmen überstiegen, und somit wurde der Pflasterzoll abgeschafft."

Und die schönen Häuschen? Schließlich waren die Zolleinnahmestellen, die Hans Grässel entworfen hatte, samt und sonders schmuck anzusehen. „Die fanden schnell neue Mieter", erzählt Roland Krack. Zum hübschen Aussehen kam nämlich auch noch jede Menge Komfort. Jedes Häuschen verfügte über „Wach- und Wohnzimmer mit Kochöfen, Schlafzimmer, Kammer, Küche und Keller. Alle waren mit Brunnen und Gemüsegarten ausgestattet", steht in dem Artikel der *Süddeutschen Zeitung*. Und obendrein wurden sie von einem bedeutenden Architekten seiner Zeit entworfen!
Bekannt wurde Grässel in München allerdings vor allem durch sein neues Friedhofskonzept. Er plante ab 1890 die vier großen Friedhöfe dezentral in allen vier Himmelsrichtungen und entwarf auch die Leichen- und Trauerhalle des Münchner Nordfriedhofs und des Neuen Israelitischen Friedhofs.

Und eben auch die Zollwärterhäuschen, unter ihnen die Station Zamdorf 15, die noch bis in die 1960er-Jahre bewohnt wurde, ehe sie dem Straßenbau weichen musste. Damit verlor nicht nur eine Familie ihr Zuhause, sondern auch die Denninger Straße eine steingewordene Erinnerung an den einstigen Münchner Stararchitekten.

Hier stand das Zollhäuschen:

Der Standort entspricht heute in etwa der Denninger Straße 160.

Der Lokschuppen der Ungererbahn mit seinem Uhrentürmchen.

Ungererbahn

Pack die Badehose ein

Der Sommer 1886 verspricht ziemlich schön zu werden. Das freut Ingenieur August Ungerer (1860-1921) ganz außerordentlich, denn es treibt die Massen ins von ihm gegründete Schwabinger Würmbad. Die Badeanstalt ist ohnehin sehr gut besucht, Ungerer kann nicht klagen: Die parkähnlich angelegte Fläche unter den zahlreichen Bäumen lockt viele Gäste an. Frauen, Männer und Jugendliche können hier in jeweils eigenen Bereichen ausgiebig der Badelust frönen. Grotten und Wasserspiele sorgen für zusätzliches Vergnügen. Ein Problem hat das Bad allerdings: Die

Das Ungererbad lädt heute immer noch dazu ein, sich in die kühlen Fluten zu stürzen.

Endhaltestelle der Pferdebahn ist rund einen Kilometer weit weg und diese Entfernung finden sowohl Ungerer als auch seine Badegäste bei Hitze unkomfortabel groß. Eine Lösung muss her! Ungerer zögert nicht lange und baut die Ungererbahn, die am 1. Juli 1886 ihren Betrieb aufnimmt. Bis Juni 1895 wird der Ingenieur diese dritte elektrische Straßenbahn Deutschlands auf eigene Kosten betreiben. „Die Ungersche elektrische Eisenbahn fuhr auf dem Privatgelände des Herrn Ungerer", berichtet Reinhold Kocaurek vom FMTM – Freunde des Münchner Trambahnmuseums, der sich tief in die Geschichte der Ungererbahn eingelesen hat. Von der Straße sei die Trasse durch Zaun und Büsche getrennt gewesen. Aus Sicherheitsgründen.

„Die Ungersche elektrische Eisenbahn fuhr auf dem Privatgelände des Herrn Ungerer. "

Am 1. Juli 1886 setzt sich der grüne Triebwagen mit der Goldverzierung zum ersten Mal in Bewegung und absolviert die Wegstrecke zum Bad in zweieinhalb Minuten. „Der von der elektrischen Maschine erzeugte Strom wird vom Maschinenhaus aus durch zwei unterirdische Kabel bis zu den beiden Schienen der Bahn geleitet“, ist dem *Polytechnischen Journal* von 1887 hinsichtlich der Technik zu entnehmen. Und weiter: „Die beiden Endstrecken der Bahn haben eine Steigung und sind nicht in leitender Verbindung mit dem stromführenden Geleise“ verbunden. Bei Ende der Fahrt werden die Wagen mittels starker Bremsen am höchsten Punkt der Steigung festgehalten. „Beim Loslassen der Bremsen laufen die Wagen von selbst bis zu dem horizontalen Teile des Geleises, in welchem Strom vorhanden ist“, beschreibt das *Polytechnische Journal* den Vorgang. Damit sorgt in diesem Bereich die Schwerkraft für den nötigen Schwung der für maximal 42 Personen ausgelegten Straßenbahn – dem entspannten Badevergnügen steht nichts mehr im Wege.

Entspannt ins Bad zu rollen, das finden die Münchner so prima, dass immer mehr Schwimmlustige in die Wagen drängen. Schnell stößt die Bahn an ihre Kapazitätsgrenzen. Und wirtschaftlich ist das Ganze auch nicht: „1894 wurden laut Jahresbericht an 63 Betriebstagen insgesamt ca. 68.500 Personen befördert. Bei einer maximalen Belegung eines Wagens mit 42 Personen kann es wohl zeitweise zu Überfüllungen gekommen sein, es ist aber nichts dokumentiert. Rechnet man über den Fahrpreis den Umsatz aus, kann der Betrieb nicht viel Gewinn abgeworfen haben“, hat Kocaurek ausgerechnet.

„1894 wurden laut Jahresbericht an 63 Betriebstagen insgesamt ca. 68.500 Personen befördert. Bei einer maximalen Belegung eines Wagens mit 42 Personen kann es wohl zeitweise zu Überfüllungen gekommen sein.“

Knapp 10 Jahre nach der ersten Fahrt der Ungererbahn wird der Betrieb auch schon wieder eingestellt. Nun beginnt dafür aber der weitere Ausbau der Pferdetram-Strecke bis zum Nordfriedhof, für den auch die prachtvolle Baumallee gefällt werden muss.

Der Fahrzeugschuppen der Ungererbahn, in dem jeweils die zwei Trieb- und Sommerwagen standen, überdauert zunächst: Bis 1944 hat der einfache Holzbau mit dem aufgesetzten Uhrenturm Bestand.

Auch wenn die Ungererbahn nur für kurz Zeit in Betrieb gewesen war, blieb dem Initiator doch sein parkähnlich angelegtes Bad, das heute seinen Namen trägt. Noch immer können sich die Münchner hier den schönsten Badefreuden hingeben. Allerdings ist das Bad heute, mit der U-Bahn, deutlich schlechter angebunden als früher mit Pferde- und Ungererbahn. „Es liegt unglücklich zwischen den beiden Haltepunkten Nordfriedhof und Dietlindenstraße mit jeweils ein paar hundert Metern Fußweg zum Eingang", merkt Reinhold Kocaurek an.

„Es liegt unglücklich zwischen den beiden Haltepunkten Nordfriedhof und Dietlindenstraße mit jeweils ein paar hundert Metern Fußweg zum Eingang. "

Ungerer, unser findiger Unternehmer, würde sich womöglich im Grabe umdrehen, wenn er das wüsste. Und vermutlich flugs einen modernen Shuttleservice etablieren, auf dass die Badegäste bis vor die Tür gekarrt werden und dann entspannt in die Fluten springen können.

Hier fuhr einst die Ungererbahn:

Sie verkehrte entlang der damaligen Freisinger Landstraße, der heutigen Ungererstraße, auf Privatgelände.

Vom Sendlinger Tor aus gelangte man zum Wohnhaus des Scharfrichters.

Henkerhaus

Unheimliches Klopfen an der Tür

Die Blumenschule am Sendlinger-Tor-Platz, die 1877 von August Voit d. J. geplant wurde, wirkt so gar nicht gruselig oder bedrohlich. Doch der Vorgängerbau sorgte für einiges Unbehagen, und gar schaurige Legenden ranken sich um weitere Bauten, die einst in nächster Nähe innerhalb der Stadtmauer Richtung Sendlinger Tor standen.

„Hier befand sich das Haus des Henkers“, sagt die pensionierte Lehrerin und Gästeführerin Birgit Braun und zeigt auf die Mitte der Volksschule. „Bis 1843 lebten die Scharfrichter in diesem Haus. Und

Auf dem Areal der Blumenschule wohnte einst der Scharfrichter von München.

damit jeder wusste, wo er hier gelandet war, wurde der kleine Abschnitt der Blumenstraße zwischen Sendlinger Straße und Oberanger früher Henkergasse genannt."

Im Jahr 1318 listet die Stadtkammerrechnung einen *iugulus* – also einen Halsabschneider – auf. Von diesem vermutlich ersten Henker in München ist leider kein Name überliefert. „Der Beruf des Henkers umfasste viele Aufgaben", erzählt die Münchnerin. „Neben dem Töten von Delinquenten musste er die Gefängnisse reinigen, Tiere kastrieren und herumstreunende Hunde töten." Doch damit nicht genug: „Er war auch der Zuhälter der Stadt", schreibt Anna Fischhaber in der *Süddeutschen Zeitung*. Besuchen durften das Bordell, das bis ins 15. Jahrhundert sogar im Haus des Henkers untergebracht war, ausschließlich Unverheiratete – „sofern sie keine Geistlichen oder Juden waren", schränkt die Gästeführerin der „Stadtspürer" den Personenkreis ein. „Aber wo kein Kläger, da kein Richter. Und ob sie sich immer daran gehalten haben, wer weiß es so genau?"

Und noch eine äußerst schmerzhafte Aufgabe hatte der Henker – nicht für ihn, dafür aber umso mehr für die arme Seele, um die er sich zu bemühen hatte: Er sollte mit Folterungen dafür sorgen, dass die Delinquenten ihre Freveltaten gestanden. Was diese teilweise nur aus einem einzigen Grund und auch, wenn sie unschuldig waren, taten: damit die Qualen endlich aufhörten.

Ein Blick ins Jahr 1873, als das Fausttürmchen noch stand.

Der Henker war einer, von dem sich die Menschen fernhielten. Nicht, weil sie Angst vor ihm hatten, sondern weil der Beruf des Henkers zu den unehrlichen Tätigkeiten zählte. „Unehrlich" bezieht sich aber nicht auf mangelnde Aufrichtigkeit, sondern auf Unehrenhaftigkeit. Der Henker gehörte nicht zur Gesellschaft. So hatte er in einem Wirtshaus einen speziellen Platz und einen eigenen Krug. Und bevor er sich setzte, musste er erst alle Anwesenden fragen, ob es ihnen recht sei. Die Scharfrichter durften keinem Ehrenamt nachgehen und weder christlich heiraten noch ihre Kinder christlich taufen lassen. Selbst ein kirchliches Begräbnis wurde ihnen verweigert. „Wer einmal einen solchen Beruf gewählt hatte, konnte nicht mehr wechseln und auch nicht in eine andere Zunft einheiraten", erläutert die Münchnerin. Kinder von Scharfrichtern wurden ebenfalls Henker. Auch bei der Wahl ihres Ehepartners hatten sie nicht viele Möglichkeiten – meist heirateten die Sprösslinge aus Scharfrichterfamilien untereinander.

Es gab allerdings Situationen, in denen die Bürger der Stadt München an die Türe in der Henkergasse klopften – auch dann, wenn sie nicht ins Bordell wollten. Quälten sie Schmerzen oder hatten sich gar verletzt, konnte der Henker mit seinem Wissen über Anatomie – das er bei seinen Folterungen gewonnen hatte – in diesem Falle nicht schaden, sondern umfassend helfen. Für viele ärmere Münchner nahm er damit die Funktion eines Arztes ein.

„Eng mit der Geschichte des Scharfrichters ist das sogenannte *Fausttürmchen* verknüpft", beginnt die Stadtspürerin eine eher in den Bereich der Legenden gehörende Geschichte zu erzählen: Ein von allen gefürchteter Raubritter wollte in die Stadt kommen, dazu benötigte er die Hilfe eines bestechlichen Bürgers, der ihn hineinschmuggeln sollte. Der Plan misslang, und der erboste Stadtrat verhängte eine drakonische Strafe: Der Bestochene wurde – bei lebendigem Leib – in jenen Faustturm eingemauert, wo er langsam und grausam erstickte und verhungerte. Doch der Geist des so hingerichteten Münchners wollte nicht zur Ruhe kommen. Und jedes Mal, wenn ein Unschuldiger durch die Hand des Scharfrichters starb, klopfte es dreimal um Mitternacht an der Tür des Henkers. „Der Eingemauerte persönlich ging dann um und ließ die handförmige Spitze des Fausttürmchens in einem unheimlichen Rot leuchten", erzählt die Münchnerin die Sage zu Ende.

Eine besonders blutige Hinrichtung ereignete sich am 12. Mai 1854. Wie die *Stadtchronik* berichtet, sollte dem „19jährige[n] ledige[n] Sattlergeselle[n] Christian Hußendörfer" sein letztes Stündlein schlagen. „Es war diese Hinrichtung mit dem Schwert die letzte in München, da der Scharfrichter Schellerer erst mit dem siebenten Hiebe das Haupt des Delinquenten vom Rumpfe trennen konnte." Die Zuschauer reagierten erschrocken und „[d]er blutige Akt hatte mehrere Übelkeiten unter dem Civil wie unter dem Militär zur Folge". So legten die Scharfrichter das Schwert für immer nieder, denn die „nächst vorkommende Hinrichtung sollte nun mittelst des Fallbeiles vorgenommen werden", schreibt die *Stadtchronik*.

Was freilich nichts am Ergebnis änderte: Ob durch das Schwert oder durch das Fallbeil: Der Delinquent musste durch die Hand des Henkers sterben.

Hier stand das Henkerhaus:

Es befand sich auf dem Gelände der heutigen Blumenschule in der Blumenstraße Richtung Sendlinger Tor.

In München konnte Mary Ward ihre Idee einer Mädchenschule verwirklichen.

Mädchenschule

Sie bekam ihren Willen

Ob Mary Ward (1585-1645) aufgeregt war, als sie die Einladung von Herzog Maximilian I. (1573-1651) in Händen hielt, ist nicht überliefert, sehr wohl aber, dass sie seiner Einladung nachkam und den Jahreswechsel 1626/1627 für eine Reise nach München nutzte. „Und sie muss mächtig Eindruck hinterlassen haben beim Herzog", erzählt Sibylle Reinicke. Denn bereits am 21. April 1627 übernahm er mittels Erlass „den Unterhalt von zehn in München anwesenden Müttern und Schwestern ‚di Jesu' (Englische Fräulein) und überläßt ihnen die Paradeiser'sche Behau-

Aktuell wird auf dem ehemaligen Gelände der Englischen Fräulein fleißig gebaut.

sung in der Weinstraße 13, wo sie dann den Schulunterricht für Mädchen aufnehmen", schreibt Dr. Helmuth Stahleder in der *Chronik der Stadt München.* „Und das ist die Geburtsstunde der ersten Mädchenschule in München", hebt Sibylle Reinicke diesen besonderen Moment noch einmal hervor.

Doch wer war diese Mary Ward? „Das ist ganz einfach", sagt die Gästeführerin, die sich schon immer gerne mit der Geschichte der Stadt München befasst hat. „Sie war eine englische Ordensschwester und gründete den Orden ‚Congregatio Jesu'." Dieser Frauenorden, der jedoch meist als „Englische Fräulein" bezeichnet wurde, wollte dafür Sorge tragen, dass Mädchen unabhängig von ihrem gesellschaftlichen Stand eine Schulbildung erhalten.

Mary Ward – auch Maria Ward genannt – und ihre Englischen Fräulein müssen jedoch das Missfallen von Papst Urban VIII. (1568-1644) erregt haben, denn am 13. Januar 1631 unterzeichnete er die Aufhebungsbulle für den Orden. „Mit gravierenden Folgen für Mary Ward",

erzählt die Gästeführerin. Denn am 7. Februar desselben Jahres wurde sie „im Paradeiser-Haus an der Weinstraße vom Dechanten von Unserer Lieben Frau und kurfürstlichen Geistlichen Rat Jakob Golla sowie zwei Chorherrn als Ketzerin, Schismatikerin und Aufrührerin gegen die heilige Kirche gefangengesetzt", schreibt der ehemalige Münchner Stadtarchivar Helmuth Stahleder. Die strenge Klosterhaft verbrachte sie bei den Klarissen in St. Jakob am Anger. Am 15. April 1631 traf endlich die erlösende Anordnung aus Rom ein: Mary Ward solle freigelassen werden, aber sie müsse sich auf den Weg nach Rom machen und sich einem Gespräch mit dem Papst stellen. Dass Maximilian ihr immer noch gewogen war, lässt sich daran erkennen, dass sie in der Kutsche der Kurfürstin vom Kloster am Anger abgeholt und an der Weinstraße – ihrer Schule – wieder abgesetzt wurde. 1632 trat sie dann die geforderte Reise nach Rom an. „Finanziert wurde diese von Maximilian", erzählt Sibylle Reinicke. Zwar erlaubte der Papst den Englischen Fräulein wieder die Lehrtätigkeit, aber auf die Ordensgemeinschaft mussten sie verzichten. Bis der Lehrbetrieb in München wieder aufgenommen wurde, sollte es bis zum Jahr 1635 dauern.
Nach dem Tod von Mary Ward breiteten sich die Englischen Fräulein weiter in Bayern und Österreich aus.

Am 22. Februar 1691 schenkte Kurfürst Maximilian II. Emanuel (1662-1726) ihnen das Paradeiserhaus in der Weinstraße. Doch das Gebäude war zwischenzeitlich schon so baufällig geworden, dass die Englischen Fräulein die Stadt am 20. April desselben Jahres baten, sie bei den Kosten für einen Neubau zu unterstützen. Da sich auch der Kurfürst spendabel zeigte, sicherte die Stadt den Ordensschwestern 20.000 Steine inklusive des Transports durch den städtischen Fuhrdienst zu. „Allerdings hielt sich die Stadt nicht an ihre Zusage", berichtet Sibylle Reinicke. Doch das hielt die Englischen Fräulein nicht vom weiteren Bau ab: Sie schafften es auch allein, und am 20. Oktober 1697 wurde die Kapelle in der Schule samt Uhrenturm von einem Bischof aus Freising geweiht. Auch die medizinische Versorgung war sichergestellt: „Die Englischen Fräulein wurden zunächst mit Medikamenten über die Hofapotheke versorgt", erklärt Sybille Reinicke. „Allerdings änderte sich das, und sie erhielten nur noch die Materialien." Somit seien die Fräulein gezwungen gewesen sich mit der Herstellung von Medikamenten zu befassen, so die Gästeführerin, die sich als Apothekerin, besonders für diesen Aspekt interessiert. Diente die Produktion zunächst nur dem Eigenbedarf, änderte sich das Ende des 18. Jahrhunderts, denn da erhielten die Englischen Fräulein die Erlaubnis, ihre Erzeugnisse auch zu verkaufen. „Und so etablierte sich der Name der Englischen Apotheke", erläutert die Münchnerin.

Zu den Schülerinnen der Englischen Fräulein gehörten überwiegend die Töchter des bayerischen Adels und der höheren Beamten. „Durch Spenden und Stiftungen konnte der Finanzbedarf gedeckt werden, um die bis zu 400 Schülerinnen gut zu versorgen und unterzubringen", erzählt Sibylle Reinicke. Doch die Englischen Fräulein nahmen sich auch mittelloser Schülerinnen an, die in einem separaten Haus unterrichtet wurden. Mit der Säkularisation 1802 mussten viele Orden – so auch die Englischen Fräulein, die 1703 vom Papst als Kongregation doch noch anerkannt worden waren – aufgelöst werden. Die Nachfolgerinnen von Mary Ward hatten aber Glück, denn da sie sich um Bildung bemühten, durften sie zunächst weiterarbeiten. Doch am 16. August 1809 mussten auch sie München verlassen, allerdings nur für ein paar Jahre: Unter König Ludwig I. (1786-1868) wurden die Klöster zum Teil wieder errichtet. Auch bat er die Englischen Fräulein 1835, zurück nach München zu kommen, und richtete ihnen im nördlichen Flügel des Nymphenburger Schlosses das „Königliche Erziehungsinstitut" ein. Ihre Apotheke war zwischenzeitlich weitergegeben worden und befand sich nun in der Theatinerstraße.

Die Räumlichkeiten in der Weinstraße wurden zunächst vom Staatsministerium des Inneren genutzt. 1826 zog dann dort die königliche Polizeidirektion ein, im Zweiten Weltkrieg wurde das Gebäude zerstört. Und damit zerbarst auch die erste Mädchenschule in München – das Vermächtnis von Mary Ward. Doch ihre Vision lebt in Nymphenburg bis heute: Das Erzbischöfliche Maria-Ward-Gymnasium ist nach ihr benannt.

Hier stand die Mädchenschule:

Sie befand sich im Paradeiserhaus in der Weinstraße.

Das prächtige Relief war der Blickfang am Fotostudio Elvira.

Atelier Elvira

Fotografieren und Frauenbewegung

Was für ein hübscher und doch auch sehr ungewöhnlicher Anblick muss das schmucke Haus schräg gegenüber dem Prinz-Carl-Palais in der Von-der-Tann-Straße gewesen sein! „Ich hätte es sehr gerne gesehen", gesteht Dagmar Mann, „insbesondere das Drachenornament." Ebenso gern hätte sie die Frauen kennengelernt, die dieses Haus nach ihren ganz eigenen Vorstellungen bauen ließen. Die eine war keine Geringere als die berühmte Frauenrechtlerin Anita Augspurg (1857-1943), die andere ihre Lebenspartnerin Sophia Goudstikker (1865-1924).

Statt dem schön Jugendstilgebäude dominiert heute gegenüber dem Prinz-Carl-Palais das Generalkonsulat der USA den Platz.

„Bevor sie 1886 nach München kamen, hatten sie schon als Paar in Dresden gelebt", sagt die Gästeführerin. Anita Augspurg und Sophia Goudstikker ließen sich zu Fotografinnen ausbilden und eröffneten am 13. Juli 1887 das Fotostudio „Atelier Elvira" in einem Vorgängerbau in München.

Besonders geschickt stellten sie sich beim Porträtieren von Kindern an – das galt damals als sehr schwierig, da die Belichtungszeiten noch lang waren und es den Kleinen ja bekanntlich schwerfällt, still zu stehen. Zu ihrer überwiegend weiblichen Kundschaft zählten aber schnell auch namhafte Schriftstellerinnen und Frauenrechtlerinnen. Die wohlhabenden Bürger Münchens schätzten die Arbeit der Fotografinnen – insbesondere die von Sophia Goudstikker –, und selbst adlige Kreise und die Hof- und Staatsbeamten wollten sich und die Ihrigen von den beiden Frauen ablichten lassen. Schon bald wurde Goudstikker als erste Frau zur Königlich Bayerischen Hofphotographin ernannt und das Fotostudio durfte sich nun „Hofatelier Elvira" nennen.

Die beiden Frauen waren für die damalige Zeit auffällige Erscheinungen: Sie rauchten, fuhren Fahrrad und trugen Kurzhaarfrisuren. Dass es sich bei ihnen um ein homosexuelles Paar handelte, wussten nach Einschätzung Dagmar Manns die meisten, aber keiner sprach groß darüber. München war um 1900 sehr liberal und ein Anziehungspunkt für Künstler, die, vor allem in Schwabing, hier frei als „Bohèmiens lebten.

„Nachdem sie sich so gut in München etabliert hatten, beschlossen sie 1897 einen Neubau an der gleichen Stelle“, sagt die Gästeführerin. Den Auftrag für das Gebäude, das besonders wegen seiner Fassade die Gemüter erregen sollte, erhielt der Jugendstil-Architekt August Endell (1871-1925).

Hinsichtlich der Innen- und Außendekoration ließen sich die beiden Fotografinnen nicht lumpen. Der Drache, den Dagmar Mann so gerne gesehen hätte, war ein dreizehn mal sieben Meter großes Flachrelief, rosaviolett und türkis koloriert, und prangte an einer meergrünen Wand. Wegen dieses Motivs nannten viele Münchner das Hofatelier auch „Drachenburg“. Die oberen Ecken der Fenster an der Fassade waren eingebuchtet und hatten gewellte Sprossen, die Eingangstür wurde von einem schmiedeeisernen Gitter in der Form eines Stachelbaumes geziert. „Auch das Innere war außergewöhnlich gestaltet“, beschreibt die Münchnerin, die zahlreiche alte Bilder des Gebäudes gesichtet hat. „Die Decke im Empfangszimmer zum Beispiel wurde von einer riesigen, an einen Wurzelstock erinnernden Plastik geziert.“ Von hier aus gelangte man durch einen Rundbogen zu einer stark gewundenen Treppe mit einem floral gestalteten Geländer und einer imposanten fünfarmigen Standleuchte.

Der Bau und die Ausgestaltung der ganzen Pracht dauerte dann aber doch länger, als von Architekt Endell erhofft: Die Auftraggeberinnen mussten monatelang auf die Genehmigung warten. Der zuständige Beamte konnte sich eine Anmerkung über die Entwürfe Endells nicht verkneifen: In seinen Augen waren sie ein „Hohn auf die Kunst des Zeichnens“ und eine Beleidigung für den bürgerlichen Geschmack. Nach seiner Fertigstellung ging das Gebäude jedoch als eine der wichtigsten Jugendstil-Bauten Münchens in die Geschichte ein.

Die beiden Bauherrinnen trennten sich allerdings schon kurze

Zeit später. Während Sophia Goudstikker den Betrieb in München allein weiterführte, engagierte sich Anita Augspurg immer stärker für das Frauenwahlrecht und in der Internationalen Frauenliga für Frieden und Freiheit. Sie zog bald mit ihrer neuen Lebensgefährtin Lida Gustava Heymann (1868-1943) in eine gemeinsame Wohnung in München. „1907 kam es auch zur wirtschaftlichen Trennung zwischen den beiden Fotografinnen, denn Augspurg verkaufte ihren Anteil an Goudstikker", ergänzt die Gästeführerin.

Aber auch Sophia Goudstikker wollte sich mehr in die Frauenbewegung einbringen und verpachtete 1908 das Atelier an die erst 28-jährige Emma Uibeleisen. Konnte diese in den ersten Jahren noch die Kunden halten, brach das Geschäft mit dem Ersten Weltkrieg (1914-1918) letztlich vollends ein. Als Emma Uibeleisen 1928 starb, fand sich keine Nachfolge mehr für das Geschäft. Statt als Fotoatelier wurde das Haus dann im Herbst 1933 durch eine SA-Einheit genutzt. „1937 sollte es noch schlimmer kommen, denn da wurde dem Jugendstilgebäude seine herrliche Optik genommen und das Drachenornament abgeschlagen und übertüncht", schildert Dagmar Mann. Es entsprach so gar nicht dem Kunstgeschmack der Nazis. Zwar entging das ehemalige Fotostudio zunächst dem von den Nationalsozialisten geplanten Abriss, doch wurde es im April 1944 bei einem Bombenangriff schwer beschädigt.

Ein Wiederaufbau erfolgte nicht, stattdessen kaufte der Freistaat Bayern das Grundstück nach Ende des Kriegs. „Es wurde dann den USA überlassen, die dort ab 1957 ihr Generalkonsulat, das sich bis heute hier befindet, errichteten", fasst die Münchnerin wehmütig das Ende des Gebäudes mit der außergewöhnlichen Fassade zusammen. An das Fotoatelier Elvira erinnert heute nicht einmal mehr eine Gedenktafel.

Hier stand das Atelier Elvira:

Das Fotoatelier befand sich in der Von-der-Tann-Straße 15.

Im Hintergrund ist der Gaskessel zu sehen.

Gaskessel

Nicht schön, aber hoch!

Die Türme der Frauenkirche prägen das Münchner Stadtbild auf denkbar vortreffliche Weise. Doch bis in die 1990er-Jahre gab es noch etwas anderes, das hoch in den weiß-blauen Himmel der Landeshauptstadt aufragte – wenn es auch lange nicht so schön war wie die Welschen Hauben: der Moosacher Gaskessel. „Er war fast so hoch wie die Kirchtürme", erklärt Münchens ehemaliger Oberbürgermeister Christian Ude, von 1990 bis zur Wahl als OB 1993 als Münchens zweiter Bürgermeister für die Stadtwerke zuständig. In dieser Funktion ließ er sich den Traum, ein-

Während der Gaskessel weichen musste, durfte der Turm bleiben.

mal auf den Gaskessel zu klettern, nicht nehmen. „Buchstäblich in letzter Minute", wie er augenzwinkernd sagt, bestieg er gemeinsam mit zwei Werkdirektoren und einigen Arbeitern der Gaswerke den weißgrauen Giganten, der das Stadtbild im Münchner Norden beherrschte. Ude: „Die 410 Stufen der Außentreppe erwiesen sich gerade wegen der August-Hitze aber schon als ordentliche Strapaze, zum Glück gab es dann ganz oben eine zünftige Gipfelbrotzeit." Noch grandioser aber sei die Entschädigung durch den Blick gewesen: „Ganz nah der Olympiapark mit Fernsehturm und Stadion, ringsum der Münchner Norden aus ungewohnter Perspektive und im Süden die Altstadtsilhouette mit den Frauentürmen, die immerhin noch fünf Meter höher waren", schwärmt der Alt-OB noch heute. Der *Stadtwerke Information* war Udes Besuch am 20. August 1992 einen Bericht wert: „Bevor am kommenden Montag, 24. August, die Abbruchfirma ihre Zelte aufschlägt, nützte Bürgermeister Christian Ude die letzte Gelegenheit, den 95 Meter hohen Gaskessel auf dem Gelände der Gaswerke an der Moosacher Straße zu ‚besteigen' ", ist dort zu lesen. Der damalige zweite Bürgermeister wird in dem Artikel auch zitiert: „Als Schulbub wollte ich schon die Leiter am Gaskessel hochklettern." Innerhalb von fünf Minuten habe Ude mit seinen beiden Begleitern, den Werksdirektoren Dr. Ing. Karl-Theodor Rager und Dr. Arnulf Brandstetter, die 410 Stufen der Außenleiter erklommen – und das bei hochsommerlichen Temperaturen, vermerkt der Autor beeindruckt, der sich den Hinweis nicht verkneifen kann, dass der Aufzug nur zwei Minuten schneller gewesen wäre.

„Die 410 Stufen der Außentreppe erwiesen sich gerade wegen der August-Hitze aber schon als ordentliche Strapaze, zum Glück gab es dann ganz oben eine zünftige Gipfelbrotzeit."

Bei dem Gaskessel, den Ude kurz vor dessen Abriss bestieg, handelte es sich um eines der wenigen Relikte, die vom letzten Gaswerk

Angekommen: Hoch oben auf dem Gaskessel genießt der damalige Bürgermeister Christian Ude (Mitte) mit den Werksdirektoren Dr. Karl-Theodor Rager (3.v.li) und Dr. Arnulf Brandstetter (3.v.re.) die Aussicht über die Stadt.

der Stadtwerke München noch übrig war. Das 1906 erbaute Werk stand bis 1967 an der Dachauer Straße 148 in Moosach und verstärkte die Gaswerke an der Thalkirchner Straße und am heutigen Vogelweideplatz, die für den stark zunehmenden Gasbedarf Münchens nicht mehr ausreichten. „In dem Gaswerk wurde durch die Verbrennung von Steinkohle Gas erzeugt", erklärt Ude die Funktion. Ab 1960 wurde das Steinkohlegas durch Erdgas ergänzt.

Die Geschichte des Gaswerks in München beginnt im Grunde bereits im Revolutionsjahr 1848: „Mit dem Vertrag vom 31.10.1848 zwischen der Stadt München und dem Genfer Bankier Christian Kohler erhält dieser den Auftrag, die öffentlichen Straßen und Plätze Münchens mit Gas aus Steinkohle zu beleuchten", schreiben Johannes Bähr und Paul Erker in *Netz-Werke. Die Geschichte der Stadtwerke München*. Dieser Vertrag habe am 3. Dezember 1848 zur Gründung der „Gasbeleuchtungsgesellschaft in München AG" geführt.

Der Gaskessel ragt weit in den Himmel über München.

„Die Gasbeleuchtungsgesellschaft erhielt von der Stadt eine langfristige Konzession und während der Vertragslaufzeit das Monopol", führen die Autoren weiter aus. „Dafür verpflichtete sich die Gesellschaft, die erforderlichen Anlagen herzustellen, sie in tadellosem Zustand zu erhalten und technische Neuerungen umzusetzen."

Am 31. Oktober 1850 wurde schließlich das erste Münchner Gaswerk in der Thalkirchener Straße eröffnet. „Unter der Leitung des Ingenieurs Wilhelm Hackh sorgten dort zwölf Mitarbeiter in 12-Stunden-Schichten dafür, dass in München zentrale Straßen und Plätze nachts erleuchtet wurden", heißt es in der Publikation.

Die Stadtwerke selbst wurden zum 1. April 1939 gegründet. Es han-

delte sich um einen Zusammenschluss der Elektrizitätswerke, der Gas- und Wasserwerke und der Verkehrsbetriebe. Die Gas- und Wasserwerke waren, wie auf *MünchenWiki* zu lesen ist, „der wohl unbeliebteste Arbeitsplatz bei den Stadtwerken. Es war heiß (die Kohle wurde unter Luftabschluss bis auf 1200 Grad erhitzt), es stank (das entstehende Rohgas enthielt zahlreiche Stoffe wie Ammoniak, Schwefel und Teer, die herausgefiltert werden mussten) und es war anstrengende körperliche Arbeit."
Doch die Stadtwerke strengten sich ihrerseits an, dieses Defizit auszugleichen: Zahlreiche Attraktionen wie ein Schwimmbad, Werkswohnungen, ein Sportplatz und eine Kantine mit Kegelbahn sollten das Arbeiten attraktiver machen. „Nach und nach entstand somit, zusammen mit den eigentlichen Einrichtungen des Gaswerks wie Kohlehalden, Ofenblöcken, Gasbehältern, Teerbehältern, Kohlesilos, Wasserturm, Werkstätten und Labors, Güterbahnhof und Lokschuppen, eine Stadt in der Stadt", so *MünchenWiki*.

Doch zurück zum Gaskessel. Ursprünglich waren es drei an diesem Standort gewesen, zwei wurden direkt nach der Stilllegung des Werks im November 1975 abgebrochen. Der letzte Kessel blieb noch bis 1992 stehen und wurde dann mit dem Gaswerk abgerissen. Vorher aber stieg Christian Ude nochmal hinauf in die luftigen Höhen, genoss von hier oben den Blick über „seine" Stadt und dachte an seinen Kindheitstraum, der sich nun endlich erfüllt hatte.

Hier stand der Gaskessel:

Der letzte der drei Münchner Gaskessel stand am Georg-Brauchle-Ring und war weithin sichtbar. Das Gaswerk erstreckte sich zwischen Dachauer Straße, Hanauer Straße, Georg-Brauchle-Ring und Landshuter Allee. Heute steht dort die Zentrale der Stadtwerke München.

Quellen, Literatur, Bildnachweis

Asam Gymnasium München: „Schulgeschichte". URL: http://www.asg.musin.de/static/schulgeschichte.html. Abgerufen am 08.08.2020.

Bähr, Johannes; Erker, Paul: NetzWerke. Die Geschichte der Stadtwerke München. URL: https://www.swm.de/privatkunden/unternehmen/swm/historie/swm-zeitstrahl#page0/7. Abgerufen am 31.08.2020.

Baumbach, Anna: „Der Mammut-Umzug von München". In: aeroTelegraph. URL: https://www.aerotelegraph.com/25-jahre-flughafen-muc-muenchen-der-mammut-umzug-von-muenchen. Abgerufen am 04.08.2020.

BR: „Arisierung" in München. Kaufhaus Uhlfelder: fast spurlos verschwunden. Heute: Münchner Stadtmuseum. URL: https://www.br.de/medienkompetenzprojekte/audioguide-arisierung-uhlfelder100.html. Abgerufen am 06.08.2020.

Braunmüller, Robert: „München: Schwieriges Gedenken an Kurt Eisner". In: Abendzeitung. URL: https://www.abendzeitung-muenchen.de/inhalt.100-todestag-muenchen-schwieriges-gedenken-an-kurt-eisner.90efca08-b6a2-4ccf-b48a-07d3dba6959b.html. Abgerufen am 15.07.2020.

Denkmäler München: „Herzog-Max-Palais". URL: http://denkmaeler-muenchen.de/bauten/herzog-max.php. Abgerufen am 09.07.2020.

Deutscher Falkenorden: „Häufig gestellte Fragen". URL: https://d-f-o.de/haeufig-gestellte-fragen.html. Abgerufen am 16.07.2020.

Dietrich, Angelika: „Zurück im Herzen Münchens". In: Zeit.de. URL: https://www.zeit.de/online/2006/45/synagoge-muenchen/komplettansicht. Abgerufen am 15.07.2020.

Dobel, Sabine: „Agfa-Hochhaus in München wird gesprengt". In: Welt.de. URL: https://www.welt.de/regionales/muenchen/article1674939/Agfa-Hochhaus-in-Muenchen-wird-gesprengt.html. Abgerufen am 15.07.2020.
Donath, Matthias: Architektur in München 1933-1945, ein Stadtführer. Berlin 2007, S. 54.

Dorn, Sebastian: „Flughafen München: Wie sein Umzug Geschichte schrieb". In: Merkur.de. URL: https://www.merkur.de/lokales/erding/flughafen-muenchen-ort60188/flughafen-muenchen-zog-vor-25-jahren-von-riem-ins-erdinger-moos-8318564.html. Abgerufen am 04.08.2020.

Dörfler, Dieter: „Die wundersame Geldvermehrung der Dachauer Bank". In: Traunsteiner Tagblatt. URL: https://www.traunsteiner-tagblatt.de/das-traunsteiner-tagblatt/chiemgau-blaetter/chiemgau-blaetter-2020_ausgabe,-die-wundersame-geldvermehrung-der-dachauer-bank-_chid,642.html. Abgerufen am 11.07.2020.

Fischhaber, Anna: „Henker, Hexen und Huren". In: Süddeutsche Zeitung. URL: https://www.sueddeutsche.de/muenchen/die-historische-altstadt-henker-hexen-und-huren-1.110838. Abgerufen am 16.07.2020.

Ganz-München.de: „12. Mai 1854 – Die letzte öffentliche Hinrichtung mit dem Schwert". URL: https://www.ganz-muenchen.de/tourist/stadt/historisches/letzte_hinrichtung_per_schwert.html. Abgerufen am 16.07.2020.

Gebhardt, Heinz: „Wie wild war das Mittelalter in München?" In: TZ München. URL: https://www.tz.de/muenchen/stadt/muenchen-ort29098/muenchen-wild-mittelalter-1619472.html. Abgerufen am 18.07.2020.

Geschichtswerkstatt Neuhausen: Der Rotkreuzplatz – das Herz von Neuhausen. Verlag Geschichtswerkstatt Neuhausen, München 2014.

Goethe, Johann Wolfgang von: „Italienische Reise". In: Werke, Band 11, S. 12 f. Hamburger Ausgabe. München, 9. Aufl. 1978.

Habel, Dr. Heinrich: „Klenzes Odeon – zur Baugeschichte und Typologie". URL: https://www.innenministerium.bayern.de/assets/stmi/min/standorteundgeschichte/klenzes_odeon.pdf. Abgerufen am 17.07.2020.

Haus der Bayerischen Geschichte: „Die Lokomotivfabrik Krauss & Comp., München". URL: https://www.hdbg.eu/presseportal/index.php/start/paket/ordner_id/82/id/1526. Abgerufen am 08.08.2020.

Heimers, Dr. Manfred Peter: Festschrift 800 Jahre Heiliggeistspital-Stiftung. München 2008.

Heisserer, Dirk: „Die ‚Lenbach-Schönheit' im Palais im Pringsheim". URL: https://www.nzz.ch/articleEUTNF-1.102947. Abgerufen am 12.07.2020.

Herbertz, Eva-Maria: „Was Thomas Mann verschwieg". URL: https://www.amazon.de/gp/offer-listing/3869067772/ref=pd_lpo_14_t_0/258-0133649-9377100?ie=UTF8&pd_rd_r=fed7294c-e645-4e6c-91fe-b9cadba4b53c&pd_rd_w=pJmPV&pd_rd_wg=7xyTs&pf_rd_p=d5c9797d-0238-4119-b220-af4cc3420918&pf_rd_r=2ATKP7X59R697D52T24J&refRID=2ATKP7X59R697D52T24J. Abgerufen am 12.07.2020.

Hoben, Anna: „Der kurze Hype ums Schwabylon". In: Süddeutsche Zeitung vom 26.06.2019. URL: https://www.sueddeutsche.de/muenchen/muenchen-schwabylon-architektur-staedtebau-1.4493597. Abgerufen am 22.07.2020.

intervox-Archiv Max Zeidler - www.intervox-pr.de - Diverse Artikel, Presse-Informationen, Fotos.

Irlbeck, Thomas: „Hotel Königshof: Historie, Architektur, Abriss und Neubau". URL: https://www.neuperlach.org/blog/?p=13985. Abgerufen am 20.07.2020.

Kameramuseum Scholz.de: „Agfa-Geschichte". URL: https://www.kamera-museum-scholz.de/agfa-geschichte/#:~:text=Mit%20der%20Gründung%20der%20I.G.,Weile%20mit%20"Rietzschel"%20bezeichnet. Abgerufen am 04.08.2020.
Kraus, Andreas: Grundzüge der Geschichte Bayerns. Darmstadt, 2. Aufl. 1992.

Krause, Alexander: Arcisstraße 12. München 2015, 5. Auflage, S. 24-27.

Landeszentralbank in Bayern (Hrsg.): Vom Herzog-Max-Palais zur Landeszentralbank. München 1990, S. 49-52, 75-86.

Lankes, Christian: „Münchner Franziskaner – Vom Bettelkloster zur Staatsoper". Haus der Bayerischen Geschichte. URL: https://www.hdbg.eu/kloster/index.php/pdf?id=KS0248. Abgerufen am 23.07.2020.

LWL-Presse und Öffentlichkeitsarbeit: „Fotoatelier Elvira: Das erste abstrakte Werk der Kunstgeschichte". URL: https://www.lwl.org/pressemitteilungen/mitteilung.php?urlID=17619. Abgerufen am 09.07.2020.

Martin, Anselm: Geschichtliche Darstellung der Kranken- und Versorgungsanstalten zu München mit medizinisch-administrativen Bemerkungen aus dem Gebiete der Nosokomialpflege. München 1834, S. 252 f.

Mitterer, Joseph: „Das Münchner Colosseum!", Literaturportal Bayern, URL: https://www.literaturportal-bayern.de/journal?task=lpbblog.default&id=1538. Abgerufen am 20.07.2020.

Monacensia Literaturarchiv und Bibliothek: „In Knebels Wirtshaus". Literaturportal Bayern, URL: https://www.literaturportal-bayern.de/themen?task=lpbtheme.default&id=205. Abgerufen am 22.07.2020.

Monacensia Literaturarchiv und Bibliothek: „Übernachten". Literaturportal Bayern. URL: https://www.literaturportal-bayern.de/themen?task=lpbtheme.default&id=166. Abgerufen am 22.07.2020.

Mühleisen, Stefan: „Haie der Großstadt". Süddeutsche Zeitung vom 10.12.2011. URL: https://www.sueddeutsche.de/muenchen/holiday-inn-wird-abgerissen-haie-der-grossstadt-1.1231106?fbclid=IwAR2-c76vpxCJaM6QTYNZtO470WGoYcBwXEK77LUQKa6Rq5c9SKknVb-wwUc. Abgerufen am 21.07.2020.

Münchenwiki: „Gaswerk". URL: https://www.muenchenwiki.de/wiki/Gaswerk. Abgerufen am 31.08.2020.

MünchenWiki: „Historische Tonhalle". URL: https://www.muenchenwiki.de/wiki/Historische_Tonhalle. Abgerufen am 05.08.2020.

MünchenWiki: „Kaufhaus Uhlfelder". URL: https://www.muenchenwiki.de/wiki/Kaufhaus_Uhlfelder. Abgerufen am 06.08.2020.

Münchner Stadtmuseum: „Das Kaufhaus Uhlfelder". URL: https://www.muenchner-stadtmuseum.de/muenchner-stadtmuseum/geschichte/standard-titel. Abgerufen am 06.08.2020.

Münchner Philharmoniker: „Die Münchner Philharmoniker". URL: https://www.mphil.de/orchester/geschichte-des-orchesters.html. Abgerufen am 05.08.2020.

Nordostkultur München: „Herzog Maximilian Joseph in Bayern". URL: http://www.nordostkultur-muenchen.de/biographien/max_in_bayern.htm. Abgerufen am 09.07.2020.

Pestalozzi-Gymnasium: „Überblick über die Geschichte der Schule und des Schulgebäudes". URL: http://www.pgm.musin.de/Geschichte_der_Schule.pdf. Abgerufen am 08.08.2020.

Quaeitzsch, Christian: „Residenz 2.0 – die „Wilhelminische Veste". Schlösserblog Bayern. URL: https://schloesserblog.bayern.de/residenz-muenchen/residenz-2-0-die-wilhelminsche-feste. Abgerufen am 23.07.2020.

Quaeitzsch, Christian: „Träumen und schwitzen unter Glas: Der Wintergarten Ludwigs II." Schlösserblog Bayern. URL: https://schloesserblog.bayern.de/residenz-muenchen/traeumen-und-schwitzen-unter-glas-der-wintergarten-ludwigs-ii. Abgerufen am 18.07.2020.

Quaeitzsch, Christian: „Wo der König persönlich im Glashaus sitzt…". Schlösserblog Bayern. URL: https://schloesserblog.bayern.de/residenz-muenchen/wo-der-konig-personlich-im-glashaus-sitzt. Abgerufen am 19.07.2020.

Rädlinger, Christine: Geschichte der Stadtkämmerei München im 19. und 20. Jahrhundert. München o. J., S. 14, 21, 23, 32.

Rall, Hans: Zeittafeln zur Geschichte Bayerns. München 1974.

Rehn, Heidi: „Skandalbankerin des 19. Jahrhunderts". In: Women's History, Ausgabe 4, Herbst 2017, S. 5-7.
Reicheneder Evi: „Wintergarten" Kulturpfad Ludwig 2. URL: https://www.kulturpfad-ludwig2.de/wintergarten/. Abgerufen am 18.07.2020.

Reinicke, Barbara: „München? Die Keimzelle der Englischen Fräulein in Bayern". Haus der Bayerischen Geschichte. URL: https://www.hdbg.eu/kloster/index.php/detail/geschichte?id=KS0251. Abgerufen am 23.07.2020

Revolutionszeitung: „Ostfriedhof". URL: https://revolutionszeitung.de/geschichte/l_suchbegriffe.php?suchen=Ostfriedhof. Abgerufen am 15.07.2020.

Riedl-Valder, Christine: „Paulanerkloster. München – die Begründer des Starkbierausschanks zur Fastenzeit". In: Haus der Bayerischen Geschichte. URL: http://www.hdbg.eu/kloster/index.php/detail/geschichte?id=KS0259. Abgerufen am 08.06.2020.

Schäder, Christian: Münchner Brauindustrie: 1871-1945. Die wirtschaftsgeschichtliche Entwicklung eines Industriezweiges. Regensburg 1999, S. 50 51.

Schmalzl, Markus: „Zweite Revolution, 1919". URL: https://www.historisches-lexikon-bayerns.de/Lexikon/Zweite_Revolution,_1919. Abgerufen am 30.07.2020.

Schmideder, Julia: „Das Kaufhaus Uhlfelder" in München „arisiert": Entrechtung und Enteignung der Juden in der NS-Zeit. München 2004, S. 127-144.

Schmidt, Karl: „Krauss-Maffei". In: Historisches Lexikon Bayerns. URL: https://www.historisches-lexikon-bayerns.de/Lexikon/Krauss-Maffei#Weiterf.C3.BChrende_Recherche.

Abgerufen am 08.08.2020.

Siemer, Stefan: „Einstein in München“. URL: https://www.deutsches-museum.de/fileadmin/Content/data/020_Dokumente/040_KuT_Artikel/2005/29-2-30.pdf. Abgerufen am 11.07.2020.

Six, Barbara: Der Architekt Leonhard Romeis (1854-1904). Seine Münchner Villen unter besonderer Berücksichtigung der Wohnhäuser für die Maler Eduard von Grützner und Ernst Ludwig Plaß. Magisterarbeit 2005, Ludwig-Maximilians-Universität. München 2005.

Stadtchronik München, zitiert nach: Landeshauptstadt München (Hrsg.): Rathaus-Umschau, Ausgabe 132 vom 14.07.2004, S. 7 ff.

Stadtmuseum München: Fotografie & Revolution - München 1918/19. München 1988, S. 11.

Stahleder, Helmuth: Chronik der Stadt München – Belastungen und Bedrückungen. Die Jahre 1506-1705. München 2005, S. 80, 128, 181, 215, 295, 347, 350, 363, 403, 411 f., 417 f., 422, 442 f., 564, 570 f., 611, 648, 668, 670 f., 673, 678.

Stahleder, Helmuth: Chronik der Stadt München – Erzwungener Glanz. Die Jahre 1706-1818. München o.J., S. 305, 389, 436, 438, 509, 584.

Stecher, Christine: „Wo Sisi zu Hause war“. URL: http://www.christinestecher.de/projekt/images/Magazin_SisiKorr_1.pdf. Abgerufen am 09.07.2020.

Sternenkaiserin: „Herzog Max Joseph in Bayern“. URL: https://sternenkaiserin.com/tag/herzog-max-palais/. Abgerufen am 09.07.2020.

Süddeutsche Zeitung: „Einen Pfennig für ein Schaf“. Ausgabe vom 17.11.2016. URL: https://www.sueddeutsche.de/muenchen/bogenhausen-einen-pfennig-fuer-ein-schaf-1.3253687. Abgerufen am 08.08.2020.

Tibudd, Michael: „Haie hinterm Tresen“. Süddeutsche Zeitung vom 03.09.2011. URL: https://www.sueddeutsche.de/muenchen/club-yellow-submarine-haie-hinterm-tresen-1.1138593. Abgerufen am 21.07.2020.

Trambahn.de: „Triebwagen Ungererbahn“. URL: https://www.trambahn.de/kopie-von-a-tw-256-2. Abgerufen am 03.08.2020.

tz München: „Zeitreise durch München: So sahen Sonnenstraße, Kaufingerstraße und Maximilianeum damals aus“. URL: https://www.tz.de/muenchen/stadt/altstadt-lehel-ort43327/zeitreise-durch-muenchen-so-sahen-sonnenstrasse-kaufingerstrasse-und-maximilianeum-damals-aus-9619704.html. Abgerufen am 22.07.2020.

Volkssängerei: „Tonhalle“. URL: http://volkssaengerei.de/ort/tonhalle.htm. Abgerufen am 05.08.2020.

Weisser, Jürgen: Zwischen Lustgarten und Lunapark: der Volksgarten in Nymphenburg (1890-1916) und die Entwicklung der kommerziellen Belustigungsgärten. München 1998, S. 10 ff.

Wiedemann, Prof. Josef: „Der Wiederaufbau des Odeons 1950-51“. URL: https://web.archive.org/web/20131203001621/http://www.stmi.bayern.de/assets/stmi/min/standorteundgeschichte/iz5_geschichte_und_standorte_der_wiederaufbau_des_odeons_2013_03_14.pdf. Abgerufen am 17.07.2020.

Wikipedia: „Agfa. Frühe Unternehmensgeschichte und -struktur“. URL: https://de.wikipedia.org/wiki/Agfa#Frühe_Unternehmensgeschichte_und_-struktur. Abgerufen am 04.08.2020.

Wikipedia: „Albert-Einstein-Gymnasium München“. URL: https://de.wikipedia.org/wiki/Albert-Einstein-Gymnasium_München. Abgerufen am 11.08.2020.

Wikipedia: „Georg Krauß (Industrieller)“. URL: https://de.wikipedia.org/wiki/Georg_Krauß_(Industrieller). Abgerufen am 11.08.2020.

Wikipedia: „Max Joseph in Bayern“. URL: https://de.wikipedia.org/wiki/Max_Joseph_in_Bayern. Abgerufen am 24.07.2020.

Zentner, Wilhelm: „Kaim Franz“. In: Neue Deutsche Biographie. München 1977, S. 32-33.

Bildnachweis

S. 7 Münchner Merkur

S. 9 oben Fotostudio Kerstin Sänger

S. 9 unten Achim Frank Schmidt

S. 10 Public Domain

S. 11 © Brigida González

S. 12 Christian Ude

S. 13 Public Domain

S. 14 Public Domain

S. 16 Public Domain

S. 18 Public Domain

S. 20 Public Domain

S. 24 Public Domain

S. 26 Claudia Wagner

S. 27 Public Domain

S. 30 Public Domain

S. 34 Public Domain

S. 36 Public Domain

S. 42 Public Domain

S. 46 Public Domain

S. 50 Public Domain

S. 52 Public Domain

S. 54 Public Domain

S. 58 Public Domain

S. 62 Kulturpfad Ludwig

S. 65 Public Domain

S. 66 Public Domain

S. 68 Public Domain

S. 70 Claudia Wagner

S. 71 Public Domain

S. 74 Public Domain

S. 75 Enno Kraus / CC-by-sa 2.0

S. 78 Public Domain

S. 80 Public Domain

S. 82 Deutsches Museum

S. 86 Karl Valentin Museum

S. 90 Public Domain

S. 94 Public Domain

S. 96 picture-alliance/dpa/Felix Hörhager

S. 97 picture-alliance/dpa/Felix Hörhager

S. 98 Heinz Schywek

S. 100 Revolutionszeitung

S. 101 Daniel Samer

S. 104 Public Domain

S. 106 Public Domain

S. 108 Public Domain

S. 112 Public Domain

S. 114 Daniel Samer

S. 116 Public Domain

S. 120 Public Domain

S. 123 Public Domain

S. 124 Public Domain

S. 126 Public Domain

S. 128 Public Domain

S. 129 Archiv Christian Ude

S. 130 Edith von Welser-Ude

S. 132 Public Domain

S. 134 Public Domain

S. 136 Public Domain

S. 140 Public Domain

S. 144 Public Domain

S. 146 Public Domain

S. 148 Public Domain

S. 152 Public Domain

S. 156 Public Domain

S. 160 Public Domain

S. 164 Stadtarchiv

S. 168 Public Domain

S. 170 Stadtarchiv

S. 172 Public Domain

S. 176 Public Domain

S. 177 Maximilian Dörrbecker / CC-by-sa 2.5

S. 180 SWM

S. 182 Archiv Christian Ude

S. 183 Edith von Welser-Ude

Haftungsausschluss

Sollte trotz aufwendiger Recherche eine Bildquelle nicht korrekt oder unvollständig angegeben oder ein Rechteinhaber übersehen worden sein, bitten wir die betroffene Institution sich mit dem Verlag in Verbindung zu setzen. Trotz intensiven Austauschs mit unseren Gesprächspartnern, gewissenhafter Literaturrecherche und aufmerksamem Korrekturlesen erheben wir weder einen Anspruch auf Vollständigkeit noch auf Fehlerlosigkeit. Wir haben streng darauf geachtet, keine Urheberrechte zu verletzen, unsere Recherchen sind nach bestem Wissen und Gewissen erfolgt. Dennoch übernehmen wir keinerlei Gewähr für die Aktualität, Korrektheit oder Vollständigkeit der bereitgestellten Informationen. Haftungsansprüche gegen uns schließen wir grundsätzlich aus.

SIE WOLLEN NOCH MEHR ÜBER

München

WISSEN?

Hier gibt es sachkundige Informationen:

Geschichtswerkstatt Neuhausen e. V.
Die Stadtteilgeschichte von Neuhausen, Nymphenburg und Gern in Heften und Büchern kennenlernen oder bei Führungen erleben.
Nymphenburger Str. 171a
80634 München
Telefon: 089 / 139 996 89
E-Mail:
info@Geschichtswerkstatt-Neuhausen.de
Homepage:
www.Geschichtswerkstatt-Neuhausen.de
Öffnungszeiten: Mi. 13 Uhr - 18 Uhr

Dagmar Mann
Individuelle und unterhaltsame Stadtführungen in München, auch zu Spezialthemen wie: die Königlich Bayerischen Hoflieferanten, Münchner Weiberleut´, Höfe und Passagen, Brunnen in München, Münchner Friedhöfe, Prachtstraßen und diverse Stadtviertel in München.
Telefon: 0163 / 68 00 898
E-Mail: dag.mann@t-online.de
Homepage: www.stadtvogel.de

Grit Ranft
offizielle Gästeführerin der Landeshauptstadt München
Telefon: 0151/52541981
Homepage:
www.lust-auf-muenchen.com

Sibylle Reinicke
Führungen zu Klosterheilkunde, Kräuterwissen, Medizin - und - Wissenschaftsgeschichte,
z.B. „Von Salbei und Seelenheil", „Rüben, Kräuter, Blüten", „Zwischen Aderlass und Gottvertrauen"
außerdem: Medizin und Gesundheitswesen im Nationalsozialismus
Telefon: 0170 / 5265356
E-Mail: sibyllereinicke@gmail.com

Liane Reithofer
Themen-Führungen in München: Geschichtsträchtige Straßennamen, Tierisches München, Verliebt in München? - Verliebt in München!, Auf den Spuren Münchner Medizinpioniere durch das Klinikviertel, Führungen durch die Stadtteile Au, Giesing und Haidhausen.
Regerstraße 12
81541 München
Telefon: 0177 / 197 2004
E-Mail: lianeclaudia@yahoo.de

Dr. Claudia Wagner
Als Autorin verschiedener Bücher über München und Region berichtet die Kunsthistorikerin und offizielle Gästeführerin der Landeshauptstadt begeistert von Geschichte und Geschichten rund um ihre Heimatstadt und den Starnberger See.
Telefon: 0172 / 8061337 und
08151 / 4449394
E-Mail: claudia_e_wagner@hotmail.com
Homepage: www.claudiawagner.net

Weis(s)er Stadtvogel München
Seit 22 Jahren der Veranstalter für Stadtführungen und Themenführungen: Mit dem Nachtwächter unterwegs, Touren mit Schauspiel, Kulinarische Touren, Rallyes, mit der Tram, mit dem Rad, uva.
Unterer Anger 14
80331 München
Telefon: 089 / 20 32 453 60
E-Mail: info@stadtvogel.de
Homepage: www.stadtvogel.de
Öffnungszeiten:
Mo. -Sa. 9 Uhr - 18 Uhr

Max Zeidler
Bayerns Weg zur Demokratie 1918/19, Migration in München seit der Nachkriegszeit, Öko-Soziales Leben heute: Es sind nicht immer die einfachen Themen, zu denen der gebürtige Münchner auf deutsch oder englisch durch die Stadt führt. Spannend präsentiert mit Fotos und Dokumenten sind die Spaziergänge dennoch.
Bazeillesstraße 17
81669 München
Telefon: 089 / 292435
E-Mail: touren@stadtfuehrer-max.de
Homepage: www.stadtfuehrer-max.de

Publikationen:

Claudia Wagner
Cooles Wissen München
Verlag Süddeutsche Zeitung Edition
München 2019
ISBN 978-3-86497-507-3

Claudia Wagner
König & Kaiserin auf kleinem Fuß
Auf den Spuren von Ludwig II. und Sisi am Starnberger See
Starnberg 2017
ISBN 978-3-00-055966-2

eitere

Bücher aus München ...